Dife Tou Limen

Liv Lekòl Dimanch ak Etid Biblik

Dife Migan-Migan an - Se Tòch Nimewo 9

Pastè Renaut Pierre-Louis

Si w bezwen enfòmasyon sou liv yo ak brochi nou ekri yo, ou kap kontakte nou nan adrès sa yo :

Peniel Southside Baptist Church
P.O. Box 100323
Fort Lauderdale, Fl 33310
Phone: 954-242-8271
954-525-2413
Fax: 888-972-1727
Website : www.penielbaptist.org
Website : www.theburningtorch.net
E-mail: renaut@theburningtorch.net
E-mail : renaut_cyrille@hotmail.com

Copyright © 2015 by Renaut Pierre-Louis . Tout dwa sou liv sa rezève @ Rév. Renaut Pierre-Louis

Atansyon : Se yon bagay ki kont la lwa si yon moun ta kopye liv sa ou byen yon pati nan liv sa nan nenpòt kèk fason, ke se swa nan enprimri, ou fòto, ou CD san w pa gen otorizasyon ekri sou papye de lotè liv la.

Liv nou yo ekri nan twa lang toujou : Franse, Angle ak Kreyol.
Nou kap achte yo nan adrès sa yo :

Michel Joseph:
192-21   118 Rd   St Albans, N.Y. 11412
Phone: 917-853-6481   718-949-0015

Rév. Julio Brutus:
P.O. Box. 7612   Winter Haven, FL 33883
Phone: 863-299-3314 ; 863-401-8449

Rev. Edouard Georcinvil
725 NE 179th Terr N. Miami Bch, FL 33162
Phone: 305-493-2125

Rév. Evans Jules:
Eglise Baptiste Bethel
5780 W. Atlantic Ave   Delray Beach Fl 33444
561-452-8273   561-266-5957

Iliana Dieujuste
2432 Indian Bluff Dr   Dracula, GA 30019
Phone: 954-773-6572

Dife Tou Limen

Dife 9 Seri 1

Lanmou Bondye Nan Tout Dimensyon L

Avangou

Yon fwa ankò, nou bese tèt byen ba devan sila ke pèson pa kapab konprann nan. Bondye nou an gran anpil anpil, e nou menm nou piti anpil. Ki sa pou nou ta fè pou nou kap eksplike ki moun li ye? An verite, nou pap kapab. Nou pa konn pou rou zanmi kap li nou jodia. Pito nou chak fè rechèch. Wa va di m sa w jwenn. Sa va si bèl! Nou va mache ansanm nan tout rout la jouk nou rive nan syèl la.

Renaut Pierre-Louis, lotè liv la

Leson 1 Bondye se lanmou

Tèks pou prepare leson an: Jen.2:7; 3:9;17:1; 21:33 ; Jòb.36:26; Ez.57:15; Mi.5:1; Jan.1:14; 14:3; Kol.1:1-17; 1Jan.4:7-11;
Tèks pou li nan klas la: 1Jan.4:7-11
Vèsè pou resitasyon: Moun ki pa gen renmen nan kè yo, yo pa konn Bondye, paske Bondye se renmen menm. **1Jan.4:8**
Mwayen pou n fè leson an: Diskou, konparezon, kesyon
Bi leson an: Pale de Bondye nan sa ke li ye a

Pou komanse
Eske nou konnen ke pèson pap jan ka di ki moun Bondye ye? Si nou di Bondye se renmen, ki sa renmen an ye?

I. Renmen, se sa menm Bondye ye
1. Se konsa Bondye li menm li ye pou li manifeste sa li ye nan yon jan ke pèson pa kap rive ladann. Moun pa kabap konnen ki mezi li gen nan tout tan e toupatou. Lap viv nan letènite pou montre glwa li e distribye lavi. Se yon Bondye ki pa gen limit. Jòb.36:26
2. Li pat kreye. Li egziste pou kont pa l e se li menm ki fè tout bagay ki egziste, ni sa nou wè ni sa nou pa kap wè. Li fè yo ak gwo ponyèt li. Kol.1:16-17
3. Pou li revele nou ki moun li ye, li rele tèt li **El-Olam**, sa vle di Bondye ki toujou egziste a. **El'Shada y**, Bondye Toupisan an. **El Elyon** Bondye ki pi ro a. Li pa bezwen èd ni anj ni lòm pou li fonksyonen. Jen. 17:1; 21:33; Es.57:15

4. **Li toujou Bondye menm lè li tounen moun.** Jan.1:14
   1. Sèlman, si nou pa kap konnen l paske li pa gen limit, li vle kan menm fè konesans nou pou li laji tout glwa li nan syèl tankou sou la tè. Si nou te kap rive gade l nan je, nou tap mouri. Men, kan menm, nou kap santi prezans li, si nou mete nou nan kondisyon pou nou resevwa l nan kè nou. Eza.57:15

Li vle abite nan kè nou nan yon fason pou moun kap wè li nan la vi nou. Konsa «Pawòl la tounen moun, li vin viv nan mitan nou.»Jan.1:14
Nou konprann kounyeya pouki Jezi te di: «Konsa, kote m'a ye a, se la na ye tou.» Li se yon Bondye ki tou patou. Jan.14: 3

2. **Li te vle pataje glwa li ak nou.**
Se poutèt sa li mete yon pati de li menm nan nou jouk li fè nou sanble ak li. Jen.2:7
Kan Bondye te di: «Adan, kote w ye?», Li te kap di: «Adan, nan ki gagòt ou mete m la? Jen.3:9
Li te vle sèvi ak Adan pou bay lanati yon bèl fòm ak yon anbelisman. Malerèzman, Adan te chite.

Pou fini
Konsa, piske Bondye te vle viv nan nou pou nou te kap patisipe nan sa ke li ye a, nou di ke Bondye se amou menm li ye.

Kesyon

1. Ki sa Bondye ye? Bondye se lanmou.
2. Eske nou kap wè l? Non
3. Pouki sa? Paske lap viv nan letènite.
4. Koman pou nou arive konnen l?
   Lè li revele li a nou nan Jezikri.
5. Ki sa sa vle di «li pat kreye?»
   Li egziste pou kont pa l
6. Ki sa El-Shaddai vle di?
   Bondye Toupisan
7. Ki sa El Elyon vle di? Bondye ki piro a
8. Ki sa El Olam vle di?
   Bondye ki egziste pou toutan gen tan an
9. Sa sa vle di « Adan, kote w ye?
10. Adan, nan ki gagòt ou vle mete m la?
11. Pouki sa Bondye te kreye lòm?
    Pou bay li glwa, pou li te gen yon ansosye sou planèt la.
12. Pami tout kreyati Bondye yo, ki lès li te pi renmen?
    Nou menm lòm.
13. Pouki sa? Paske li kap fè la desann nan kè nou, e li vle nou ansosye avè l.

Leson 2 *Amou li pou sove lòm*

Tèks pour prepare leson an: Jen. 1: 26-28; 2:19-20; 3: 14-19; 6:1-4; Sòm.23: 3; Jan.3:14-21; Wom.5:8
Tèks pou li nan klas la: Jan.3:14-21
Vèsè pou resitasyon: Sou pwen sa, Bondye moutre nou jan li renmen nou anpil. Pake nou tap fè peche toujou lè Kris mouri pou nou. **Wom.5:8**
Mwayen pou n fè leson an: Diskou, konparezon, kesyon
Bi leson an: Bay yon prèv ke pèson pa kap nye de ki jan Bondye renmen nou.

Pou komanse
Se pa jodia nap tande pawòl sa, zafè Adan ki peche. Depi lè sa nou wè lezòm pa fiye Bondye. Nap mande: eske Bondye gen enterè pou la l chèche l. Ki sa l pral fè pou sove lòm. Se sijè leson nou pou jodia.

I. **Ki enterè li gen pou li al chèche l.**
   1. Se piti li. Lik.3:38 Li fè l sanble ak li tèt koupe. Jen.1:26. Li dwe montre ke li menm se yon bon papa ki pran reskonsablite l. Answit, Adan se ansosye l. Men ki djòb li te genyen:
      a. Fè pitit, fè anpil anpil pitit mete sou la tè a. Jen.1:28 Li te gen pou bay yon non a tout bagay ki sou la tè. Jen.2:19-20
      b. Se pou li kapab alatèt yo e li dwe rann Bondye kont pou yo tout. Jen.3:26-28
      Se pa yon djòb misye te kap fè nan yon grenn jou ni nan yon lane, ni menm senkantan paske la tè pa yon ti bagay.
   2. Pa gen anyen ki di Adan ak madanm li te tonbe peche menm lè Bondye te kreye yo. Pa gen moun ki kap di konbyen tan yo te pase san peche devan Bondye avan yo te vin dezobeyi. Pa gen anyen ki di si yo te gen pitit e ki kantite pitit yo te genyen avan yo te dezobeyi.
   Dapre Jenèz 3 vèsè 16 Bondye te vin ogmante soufrans Ev lè li te gen pou l akouche.

II. Fason Bondye fè pou sove l

Li fè pwovizyon pou Sali lòm pandan li te vèse san yon bèt pou pran po bèt saa pou kouvri de moun sa yo. Jen.3:21

1. Sepandan, piske peche a se yon kondisyon nan kè avan ke li te yon aksyon pou moun te wè, nou menm, nou eritye mal la nan san nou. Piske peche a li atenn tout moun, Bondye dwe bay yon renmèd ki bon pou tout moun. Se konsa li voye Jezi, non pa pou jije, men pou sove lemonn. Jan.3:17; 1Ko.15:47
2. Li vinn sove nou paske li déjà depanse twòp pou nou pou l ta pèdi nou. Jan.3:16
3. Li pa vle ditou pèdi repitasyon l. Sòm.23: 3
4. Pa gen lòt Dye ki te kap sove nou paske pa gen pèson ki tap gen mwayen pou peye dèt peche nou. Jezi vin chèche nou pou l sove nou paske Bondye renmen nou anpil. Lik.10:19
Sou pwen sa, Bondye moutre nou jan li renmen nou anpil. Paske nou tap fè peche toujou lè Kris mouri pou nou. Wom.5:8

Pou fini

Bondye renmen nou pou tout letènite. Li pap janm bouke depanse pou nou. An nou kenbe viktwa nou an nan Kris, an nou viv pou fè l plezi.

Kesyon

1. Pouki sa Bondye te vin chèche nou
   a. Paske nou se pitit li.
   b. Nou menm se ansosye l.
   c. Paske repitasyon l andanje.
2. Konbyen tan nou kwè lòm te pase pou l fè anpil anpil pitit?
   Anpil tan
3. Eske li te peche imediatman apre Bondye te fin kreye l?
   Nou pa konnen.
4. Eske li te gen pitit avan li te chite? Byen posib.
5. Ki pinisyon Bondye te bay fanm nan?
   Li va gen tranche pou l akouche.
6. Ki sa Bondye te fè pou repare chit Adan ak madanm li?
   Li te vèse san yon bèt pou l te jwen po l pou kouvri yo.

Leson 3   Jan amou l mache ak jistis li

Tèks pou prepare leson an : Eza.59 :1 ; Jan.10 :17 ; 19 :30 ; Wom.5 :1-8 ; 6 :23 ;8 :1 ; 20 :22 ; Fil.3 :20 ; Ebre.7 :25 ; 2Pye.3 :13
Tèks pou li nan klas la: Wom.5:1-8
Vèsè pou resitasyon: Se konsa, lè nou pat kapab fè anyen pou tèt pa nou, Kris la mouri pou tout moun ki meprize Bondye, nan tan Bondye te fikse pou sa te rive a. **Wom.5: 6**
Mwayen pou n fè leson an : Diskou, konparezon, kesyon
Bi leson an: Moutre nou ke Sali sa ki yon kado, li te koute Bondye anpil.

Pou komanse
Lè nap pale de amou ak mizerikòd Bondye, nou fasil bliye ke li menm se yon Dye ki gen jistis. Ou pa kapab separe yonn ak lòt. An nou mete la verite kote l dwe ye.

I. **Sove lòm se yon zafè ki koute mèt li byen chè.**
   1. Peche separe lòm de Bondye. Bondye ki tan renmen l vle vin chèche l.
   2. Sepandan jistis Bondye reklame pou peche a jwen pinisyon l. Bib la di: «Peche nou kòz nou mouri.» Ki jan pou Bondye pini peche a e sove nou an menm tan ? Ki jan li pral fè pou rezoud pwoblèm saa? Se konsa Jezi vini pou rekonsilye nou ak papa l. Li vin pran lanmò a nan plas nou sou bwa Kalvè a. Li peye dèt peche a pou nou. Wom. 5:8; 6:23

II. **Sali nou an se yon tranzaksyon ki fèt nèt.**
   1. Li pa gen delè ladan. Jezi fè l, li fè l nèt. Jan.3:36
   2. Ki jan. Fòk nou asepte l pa la fwa. Tout moun ki pwoche l jwen Sali sa. Yo jwen li nèt. Hé.7:25
   3. Li toujou vivan menm si li bay nou la vi l. Jan.10:17
   4. Nou pa gen kòb pou nou bay anba pou sa. Li peye dèt la kach. Pa gen kounyeya okenn kondanasyon pou moun ki fè yon sèl kò ak Jezikri. Jan.19:30; Wom.8:1

5. Jezi di « Mwen bay yo la vi ki pap janm fini an. Yo pap janm peri, pèsonn pap janm ka rache yo nan men mwen". Jan.10:28

III. Sali lòm se yon bagay ki regle nèt.
1. Bondye kreye nou pou nou sanble ak li tèt koupe. Li te soufle nan nou la vi etènèl. Peche vin wete privilèj sa. Se poutèt sa li te oblije abiye li ak yon kò tankou pa nou an e li pran bwa Kalvè a tankou yon gòl pou rale nou e rekonsilye nou ak Bondye. Kan li fin fè sa, li soufle letènite a ankò nan nou. Jan.20:22
2. Depi lè saa, nou konnen pa gen paradi sou tè sa pou nou ankò. Se nan syèl nou pral le. Fil.3:20; Se va yon lòt syèl ak yon lòt tè kote lajistis a pral blayi kòl. 2Pyè.3:13

Pou fini
Me ki jan Bondye satisfè amou li ak jistis li. Eske nou pa kontan ?

Kesyon

1. Konbyen kòb Sali nou koute? Li koute san Jezikri
2. Pou ki Bondye te kreye nou? Pou nou te viv ak li pou tout tan gen tan.
3. Ki plan Bondye pou nou? Sove nou anba chaj peche.
4. Ki sa jistis Bondye reklame ? Pinisyon pou moun nan ki koupab la.
5. Ki jan Bondye antann li pou satisfè amou l ak jistis li ? Jezi vini peye pri pou Sali nou.
6. Ki sa Sali nou an manke ? Anyen. Li zero fot.
7. Pou konbyen tan lap dire ? Pou tout letènite.

Leson 4 Amou li demontre nan jan li kenbe nou nan Sali a

Tèks pou prepare leson an: No.6:24-27; Som.34:6; 137:5; Eza.49:16; Je.23:23; Mat. 3:13, 16-17; 18:20; Jan.10:28; Wom.8:1; 2Ko.1:22; Ef.4:30; Rev.2:17; 3: 12; 7:3

Tèks pou li nan klas la: Mat.3:13-17

Vèsè pou resitasyon : Se Bondye menm ki kenbe m fèm, ansanm ak nou tout, nan la vi nap mennen nan Kris la. Se li menm ki mete nou apa pou li. Li menm ki make nou ak letanp li. **2Ko.121-22a**

Mwayen pou n fè leson an: Diskou, konparezon, kesyon

Bi leson an: Moutre entèvansyon Trinite a nan Sali nou.

Pou komanse

Se yon bagay ki fè nou reflechi kan nou li nan Bib la ki di: Papa, Pitit la ak Sentespri a di «An nou fè lòm...». Men nou wè yo anko nan Nouvo Testaman an kap travay ansanm pou sove lòm. An nou pwoche bò flèv Jouden an pou nou gade.

I. Twa moun ki fè yonn, men yo parèt separe.

Nou wè Jezi nan dlo a, Sentespri nan lèzè tankou yon pijon e nap koute vwa Bondye kap pale. Se li menm ki sou twòn li, lap pase lòd. Mat.3:13, 16-17

   1. **Bondye montre ke li gen pawòl donè.**

      Li vle fè nou sonje ke li pat bliye nou. Kant li te gen afè ak Izrayèl sèlman, La Trinite te bay li batistè e li te mete so sou batistè saa. Kant li te di

     a. **Se pou Senyè a beni nou, se pou l pran swen nou.** Se te wòl li kòm papa. No.6:24

     Se pou Senyè a fè nou santi li avèk nou, se pou l gen pitye pou nou. Se te wòl Sentespri a. No.6:25

     b. **Se pou Senyè fè nou wè jan li renmen nou, se pou l bay nou kè poze.** Se te wòl Jezikri ki vin bay nou repo. Se li ki fiyanse nou kap vire gade nou de tanzantan. No.6:26

     c. E li ajoute: Se konsa pou nou va mete siyati mwen sou pitit Izrayèl yo. No.6: 27

2. Lè yon kretyen ap batize, Bondye papa nou chita sou twon li, lap kontwole ; Sentespri a li la pou gide nou nan tout la verite e Jezi ki fiyanse legliz, la veye sou nou e li ranpli kè nou ak jwa. Som. 34:6; Mat.3:16-17
3. Bondye mete siyati li sou nou pou pèsonn pa vin reklame nou nan men li. Lè nou rive nan syèl, li gen yon non li pral bay nou. Nou va rele Madanm Jezi. Rev.2:17; 3:12; 7:3

II. Ki prèv nou gen de Sali pou tout tan an?
1. Bondye grave nou sou plat men li. Konsa li pa kapab bliye nou. Eza. 49:16
2. Se li menm ki te di : « Jerizalèm, si m ta va bliye w, se tèt mwen mwen ta bliye.» Rev.137 :5
3. Mwen bay yo la vi etènèl, yo pap janm peri. Pèsonn pap janm kap rache yo nan men mwen. Jan.10 :28
4. Kounyeya, nanpwen okenn kondanasyon pou moun ki fè yon sèl kò ak Jezikri. Wom.8:1
5. Zorey li atantif pou tande kri nou. Kan de ou byen twa kretyen reyini nan non li, li pa di map vini, men li di Mwen déjà la. Pouki sa? Se paske li toupatou. Je. 23: 23; Mat.18:20

Pou fini
Ki fiyanse nou konnen ki toujou kenbe pawòl li nan toutan, nan tout sikonstans? Sèl Bondye damou nou an. Li menm se yon mèvèy.

Kesyon

1. Ki moun ki mete ansanm pou sove nou? La Trinite.
2. Ki jan Bondye fè batistè pitit Izrayèl yo vin ofisyèl?
   Li mete so l sou yo.
3. Kisa Bondye fè pou bay nou kè poze sou sekirite nou ?
   Li grave nou nan plat men li.
4. Ki kote li ye lè nap priye?
   Li déjà la nan mitan nou.
5. Ki sa li pwomèt nou lè nou rive nan syèl la?
   Lap bay nou yon non ki tou nivo.

Leson 5 Koman amou Li manifeste nan Sali nou an

Tèks pou prepare leson an: Lik.5:20; Jan.1:29; Wom.5:14, 20; 2Ko.5:17; 7:1; Gal.2:20; Kol. 2:13-14; 1Jan.1:7
Tèks pou li nan klas la: Kol.2 :13-17
Vèsè pou resitasyon : pa kite peche donminen sou kò nou ki gen pou mouri a, pou l fè nou fè tout sa kò a anvi fè. **Wom.6 :12**
Mwayen pou n fè leson an : Diskou, konparezon, kesyon
Bi leson an: Pale de jan Bondye fè pou l rachete nou.

Pou komanse
Nan leson avan an, nou te rankontre ak yon Bondye ki te satisfè de delivrans nou anba peche. Men ki jan frè yo te peye ? Se leson nou pou jodia.

I. Li peye pou koupab yo.
Lè Jan tap prezante Jezi li te di jwif yo : « Men ti mouton Bondye a kap wete peche moun sou tout latè. » Jan.1 :29
Eske se te yon sèl peche ?

1. **Ki diferans ki gen ant yon peche ak peche yo ?**
   a. Peche a se sa nou eritye nan papa nou Adan. Se sa ki fè li tonbe sou tout moun. Nou tout te kondane pou tonbe anba kolè Bondye tankou lòt yo. Nou te **koupab** ansanm ak tout moun, men nou **reskonsab** pou zak pèsonèl nou. Wom.5 :12 ; Ep.2 :3
   b. Depi nan premye kontak ak pechè a, Jezi wete l anba pouvwa Satan. Li di yo : « Mwen padonnen peche w ». Se premye swen sa li bay malad la. Lik.5 :20
   c. Kant li te mouri sou la kwa, Jezi efase tout lwa ki te kondanen nou. Ak kwa a li rezoud pwoblèm peche nou an. Kol.2 :15

I. **Answit li peye tout domaj ke kondisyon peche nou an te lakòz nou te fè.**
   1. Nou donnen peche paske kò nou bay okazyon pou nou te fè yo. San Jezi rezoud pwoblèm peche nou yo. 1Jan.1 :7
   2. Peche nou yo se tout move zak nou komèt : vòlè, adiltè, krim, medizans, pale moun mal, pale manti, movèz vi. Depi nou konvèti, Bondye bride tandans sa yo nan la vi nou. Nou aji yon lòt fason. 2Ko.5 :17
   3. Konsa, **la kwa delivre nou** anba pisans peche e **san Kris lave nou** de tout peche ke Satan te pouse nou fè.
   4. Sentespri antre nan nou pou dominen tandans nou pou fè sa ki mal yo. Pòl di : Si map viv, se pa mwen menm kap viv, se Kris kap viv nan mwen pou li sanktifye la vi m. 2Ko.7 :1 ; Gal.2 :20

Pou fini

San Jezi li bon pou tout moun ki vle pran san. Si ou aksepte l kounyeya a lap delivre w anba kondanasyon. Sonje sa : gen yon sèl Jezi e se li menm tou ki Sovè a. Degaje w pran l kounyeya pou Sovè w.

Kesyon

1. Ki sa Jezi te fè sou la kwa ?
   Li mouri nan plas nou
2. Ki sitiyasyon nou kounyeya ?
   Nou delivre anba pisans peche.
3. Kisa san Jezi fè pou nou ?
   Li netwaye nou anba peche a.
4. Ki wòl Sentespri a ?
   Li donminen tout tandans nou yo pou prezève nou de tout mal.
5. Ki dwa Satan gen sou nou kounyea ?
   Li pa gen okenn dwa ankò sou nou.

Leson 6 Ki jan li moutre nou amou li nan nati la.

Tèks pou prepare leson an: Jen.1:26; Mat.4:4; Jan.14:17; Trav.2:38; 1Jan.3:2; 5:19; 1Tès.5:23; Rev.22:3-5

Tèks pou li nan klas la: Som.139 :13-16

Vèsè pou resitasyon: M'ap fè lwanj ou paske ou pa manke fè bèl bagay. Tout sa ou fè se bèl gagay. Mwen konn sa byen. **Som.139: 14**

Mwayen pou n fè leson an: Diskou, konparezon, kesyon

Bi leson an: Moutre ki jan Bondye ranje nati a pou rann lòm sèvis.

Pou komanse

Eske ou te janm konnen ke Bondye pran yon pati nan chak bagay li kreye yo pou li fè lòm ? Eske ou te janm konnen ke si gen yonn nan bagay sa yo ki manke nan kò lòm sa kap bay pwoblèm nan sante l? Koman nou kap eksplike sa?

I. Lòm gen kò, nanm ak lèspri.

1. Kò se pati materyèl la ke nou wè a. Li fèt ak tout eleman ki gen sou planèt la. Bondye mete tout sou zòd lòm. Bondye bay li dwa saa. Espas syèl ble nou wè a, zafè elektrisite ak elektwonik, zafè vèti ki genyen nan plant yo, pa gen yonn ki sekrè pou li. Jen.1 :26

2. Nanm nan se pati ki pa materyèl la ke nou pa wè a. Se ladan tout santiman nou, dezi nou ak volonte nou chita. **Se li yo rele zonbi lè yo touye moun ki pa konvèti yo.** Nou di yo pran nanm nan ; yo fè l tounen zonbi ; kidonk li prizonye Dyab la.1Jan.5 :19

   a. Sonje ke kò nouri ak manje nou manje, men nanm nou nouri ak Pawòl Bondye. Mat.4 :4

   Sentespri a se Bondye li ye. Se li ki pou mennen nou nan pye verite a. Li ranje kontak ant nou menm ak Bondye nou pa wè a, ant syèl ak tè a, ant tan an ak etènitea. Li la pou fè nou sanble ak Bondye gras a yon vi mizapa pou Bondye.

Moun ki pa konvèti yo gen kò ak nanm. Yo pa gen Sentespri nan la vi yo. Nou menm kretyen nou gen Kò, Nanm ak Lespri depi jou nou konveti a.
Jan.14 :17; Tra.2 :38 ; 1Tès.5 :23
Konsa Bondye vle nou fonksyonen tankou li menm. Li voye Jezi vin chèche nou. Nou gen pou sanble ak li, pou nou pataje glwa li. Paradi Adan te fè nou pèdi a, nou rejwenn li nan Jezikri.Jan.3 : 2 ; Rev.22 : 3-5

Pou fini
Gade ki jan Bondye moutre li renmen nou jouk li fè de nou pitit Bondye ! 1Jan.3 :1 An nou sèvi li nwit kon jou jouk li vini.

Kesyon

1. Ak ki sa nou fèt ? Ak tout bagay ki gen nan nati a.
2. Konbyen pati lòm gen nan li ? Li gen kò ak nanm
3. Konbyen pati kretyen an genyen ? Twa pati : Kò, nanm, sentèspri.
4. Ki lè Sentespri vin ajoute nan la vi nou ? Kan nou konvèti.
5. Ki wòl Sentèspri a ?
    a. Mennen nou nan pye verite a
    b. Mete nou an kontak ak sa zye nou pa kapab wè
    c. Mete nou an kontak ak Bondye nan letènite

Leson 7 Ki jan li moutre nou amou li ankò nan nati a

Tèks pou prepare leson an : Jen.1 :6-7 ; Job.36 :26 ; Sòm.19 :1; 24 : 1 ; 103 ; 104 ; 139 ; Wom.1 :20
Tèks pou li nan klas la: Sòm.19 :1-6
Vèsè pou resitasyon : Syèl la fè parèt aklè pouvwa Bondye a. Li fè tout sa Bondye te fè ak men l.
Sòm.19 :1
Mwayen pou n fè leson an : Diskou, konparezon, kesyon
Bi leson an: Moutre ankò ki jan Bondye ranje nati a yon fason pou rann nou sèvis.

Pou komanse
Nati a sanble ak yon bèl poezi pou jan Bondye ranje l. Avan nou rive pi lwen, se pa monn sa Bondye mande nou pou nou rayi, men pito kote Satan ap fè aktivite l. Nati nap pale a, se tout linivè kote Bondye mete dwèt li pou l mete l anfòm, pou l fè l bèl, pou l bay li koulè, pou l mete mizik ladan.

I. An nou tande chante yo nan nati a.
Tout bèt chante : kòk chante, rosinyòl chante, kòbo chante, pijon roukoule, pan kriye. Myèl bougonnen, kanna kankannen, lasigal sifle, chwal ranni, bourik ranni, bèf begle, elefan rele, rena fè ti tenten, lyon gronde, kochon gronyen, chyen jape, chat fè myaou, mouton di bè, koulèb sifle.
1. *Nati la chante* : Van soufle, loraj gronde, vag lanmè chante, ti riso yo mimire, flèv yo gronde.
   Mete nan tèt ou ke tout zannimo sa yo ta fòme yon koral de san mil vwa pou yap chante, ou ta pran yon serafen kòm maestro koral sa, pou yo tap chante «Senyè Bondye Toupisan an», Som.8 :1
   Mete nan tèt ou ke sa tap pase nan moman solèy la ap kouche, ke la li n nan ap parèt tou dousman anba nyaj yo, pandan tan sa, pou yon bon ti van tap soufle, kap pote nan tou nen ou pafen yon chevalye de nwit, yon ilan ilan…nan moman sa ou ta sezi wè ou rantre nan koral sa, ou ta pran chante san w pa

rann ou kont:«Nanm mwen chante non ou Bondye Pisan, A la ou gran.»

II. **Li mete tout nati a an poezi nan fòm ak nan koulè li bay bagay yo.**
Chak maten li pran syèl tankou yon gwo tablo, li pran penso li pou bay li tout kalite koulè. Ak tout bèl chanjman sa yo, lòm dwe santi l satisfè.
Li bay chak ras moun yon koulè ak yon fòm diferan. Li fè menm jan pou plant yo ak pou bèt yo ak zwazo yo tou. Ak yon Dye konsa lòm pa gen dwa enniye.

III. **Li mete nati la an poezi gras a pafen li mete la dan.**
Mwen ta renmen w di m kèk plant ki gen pafen ou konnen. Gen nan yo, ou dwe touche yo pou pafen an ka soti. Konsa nou gen bazilik, ti lanni, mant, tibonm, sitwonèl, bwa santal, vetivè ak epis yo tankou kannèl, diten, pèsi, seleri. Gen lòt ki bay pafen yo kan solèy pral kouche ou byen kan li pra leve. Konsa nou gen ti lorye, jasmen, lis, chevalye de nwit, ti bi, san konte lòt plant kote myèl yo vin danse sou polèn yo pou pran sik la pou yo al fè siro myèl.

IV. **Men kesyon nap poze tèt nou.**
Ki kote medikaman nou yo, manje nou yo, ak jwèt nou yo soti si se pa nan yon Bondye ki renmen nou anpil? Jan.1:3

Pou fini
Ala yon bèl nati Bondye prevwa pou byen nou ! Men elas ! Ki dezolasyon paske peche fè nou pa kap jwi l jan nou ta vle ! Bondye bon : li rezève pou nou bagay ki pi bon. An nou kenbe pwomès sa sou kè nou.

Kesyon

1. Koman Bondye montre nou amou li gen pou nou nan nati a ?
   Kan li mete ladan tou sa ki bon pou rann lòm sèvis.
2. Ki sa sa vle di : « Pa renmen lemonn » ?
   Pa renmen kote Dyab la ap mennen aktivite l
3. Ki sa nou gen pou nou apresye ?
   Zèv Bondye nan nati a.
4. Di nou 5 bèt ak fason yo kriye
5. Di nou 5 plant ki gen pafen nan yo

Leson 8 Ki jan li moutre amou li nan fason li prevwa

Tèks pou prepare leson an: Jen.43:11-15; Sòm.103; Jen. 2:5-25; 2Wa.20:7; Lik.7:14; Jan.9:14
Tèks pou li nan klas la: Jen.2 :5-9
Vèsè pou resitasyon : Kitem di Senyè a mèsi ! Kitem di Senyè a kip a tankou tout moun lan mèsi ak tout nanm mwen. **Sòm.103 :1**
Mwayen pou n fè leson an : Diskou, konparezon, kesyon
Bi leson an: Moutre travay yon Bondye ki bay tout bagay

Pou komanse
Avan li te kreye lòm, Bondye mete tout bagay lap bezwen chita la ap tann li. Jiska prezan, li pa sispann travay pou fè linivè a pi gran. Jodia nou pral konsidere enpe nan travay li.

I. **Li bati yon lopital nan Jaden Eden nan.**
   Sizoka ou ta malad e ke ou refize ale lopital, map rèspèkte konviksyon w. Map sèlman di w ke depi Bondye tap kreye fanm, premye bagay li te fè, li louvri yon sèksyon matènite nan Jaden an. Kite m eksplike sa map di la.
   1. Li mete Adan kouche pou li bay li yon anèstezi jeneral. La menm, li opere misye pou li pran yon zo kòt li. Se ak sèlman sa li pran nan li pou li konpoze yon fanm pou l bay li. Jen.2 :21-22
   Operasyon sa si tèlman byen reyisi ke lè misye reveye, li pat toudi. Ak tout bon konprann li sou li, li komanse blage fiy a ak yon bèl poezi. Koute misye : « Fwa sa mwen reyisi jwen pa m nan. Sa se zo kòt mwen, sa se pwen sansib mwen. Map bay li ti non gate Isha. Se fanm mwen.» Jen.2:23
   Sete yon fason pou l di Bondye « Mwen fè w konpliman. Ou fè bon travay».
   2. Li plen la tè ak plant pou fè remèd feyaj. Jouk kounyeya ou pa konprann koman lè ou pran yon renmèd, li ale dirèkteman nan kote ou gen maladi a nan kò w. Malgre sa, konn gen ka Bondye parèt pou kont li pou l geri maladi w ou byen pou l dikte w prèskripsyon an :

a. Li di pwofèt Ezayi pou l fè yon kataplas fig pou l mete l sou ilsè ki ta pral touye wa Ezekias. 2R.20 :7
b. Li pran yon ti priz labou li mete sou zye nonm nan ki te fèt avèg la. Jan.9 :6, 14
c. Li resisite yon mò ak yon sèl mo li di nan bouch li. Lik.7 :14

II. Rezèv gas nan latè ki pap janm fini.

Dapre sa savan yo di, Latè parèt nan linivè anmenm tan ak planèt Mars. Sa fè 4 bilyon ak 300 milyon lane. Depi lè sa, Bondye te prevwa pou l mete depo gaz tout kalite nan vant la tè. Li te déjà konnen tap gen yon jou pou li fè tout kalite machin ki pou mache ak tout kalite gaz pou devlope tèknoloji
a. Si ou kwè m manti, ale an Irak, a Kowèt, Annafrik, Venezyela, nan Tekzas ak Alaska. Lè w tounen, wa banm nouvèl.

III. Wòch presye ak metal ki presye.

Se pou w ale Annitali, pou w sa wè bèl mab.Se pou w ale Sid Afrik la pou w sa wè bèl wòch ki presye, bèl diaman, bèl emerod, krizolit, topaz. Kote w kite lò kap drive nan rivyè Paktòl nan peyi Tiki, nan Perou, Alaska, Ayiti? Kote w kite lajan nan peyi Ajantin?

IV. Pye bwa grantotè.

Bondye kreye yo pou nou fè gwo kay, pou konsève sous dlo nou yo, pou aroze jaden nou yo.
Kanta metal odinè yo, yo sèvi pou nou bati kay nou, otomobil ak avyon ak gwo pon nou yo.

Pou fini

Lòm gen pou kont li pou l pale, pou l ekri, e pou l gen souvni de sa Bondye fè. Konsa si ou se yon moun ki parese, wa fè m konnen ki moun ki papa w.

Kesyon

1. Ki premye batisman Bondye te fè lè l te gen pou l kreye fanm? Li bati yon lopital.
2. Ak ki bagay li te fòme fanm nan?
   Ak yon zo kòt nan mouche a
3. Pouki sa fanm kole sou gason konsa?
   Paske se nan gason li soti.
4. Pouki Bondye kreye tout plant, metal ak sous dlo yo?
   Pou ran lòm sèvis.
5. Eske nou kapab di gerizon divin pa egziste? Non.
   Bondye konn fè li pou byen nou e pou bay tèt li plis glwa.

Leson 9 Ki jan Bondye moutre nou amou l pa prezans li.

Tèks pou prepare leson an: Sòm. 16 :8 ; 34 :8 ; 46 :9 -10 ; 91 :1 ; 104 :20-23 ; 121 ; 127 :2 ; 140 :8 ; Mat.18 :20 ; Jan.9 :4 ; Tra.2 :17 ; Fil.4 :6 ;
Tèks pou li nan klas la: Sòm.121
Vèsè pou resitasyon : Paske chak fwa 2 ou 3 moun mete tèt yo ansanm nan non mwen, map la nan mitan yo. **Mat.18 :20**
Mwayen pou n fè leson an : Diskou, konparezon, kesyon
Bi leson an: Prezante Bondye tankou yon moun ki patisipe nan tout sa nap fè.

Pou komanse
Ki moun la ki kap nye ke Bondye patisipe nan la vi l? Sèlman moun ki pote non kretyen men ki pa kretyen vre.

I. **Annou wè prezans li lè nap priye.**
   Depi nou lonmen non l, li déjà nan mitan nou. Mat.18 :20

II. **Annou santi prezans li lè nap dòmi**
   1. Li menm li pa gen dòmi nan zye l pou l siveye nou. Li pap pran move kou nan men Satan. Sòm. 121 : 4
   2. Li bay nou bibon ak lot manje pandan nap dòmi. Sòm.127 :2
   3. Li fè sinema pa l nan tèt nou lè nap domi. Nou rele l rèv. Tra.2 :17
   4. Li vle nou kite plant dòmi deyò lè nou ap dòmi aswè lakay nou paske lèswa, yap degaje gaz kabonik ki kap touye nou. Kan se la jounen, menm plant sa yo degaje oksijen pou nou rèspire, pou konsève la vi nou.
   5. Bondye gen rezon di ke lanwit fèt pou moun dòmi paske se lè sa bèt sovaj yo soti pou yo chèche manje yo. Nan lè sa wap dòmi. Jezi di lè li fè nwit, pèsonn pa dwe travay. Si ou pa koute l, se zafè pa w. Sòm.104 :20-23 ; Jan.9 :4
   6. Lè sa ou pral komanse gen yon seri de maladi yo rele kansè, tansyon, dyabèt ak yon bann lòt konplikasyon ke ti kòb wap touche a pa kapab peye.

III. Koman li parèt nan gwo desizyon nap pran. Lè w gen pou w vwayaje, pou w chwazi yon metye ou byen yon moun pou w marye, ou bezwen sèlman rele l pou l bay ou repons la. Sòm.121 :8 ; Jan.14 :14 ; Fil.4 :6

IV. Koman li parèt lè nou andanje.
Moun ki gen rèspèk pou li, li kanpe kote yo. Li mete yo obomilye pou rache yo anba malè. Sòm.34 :8

1. Lè gen gwo deblozay, li kouvri tèt nou pou nou pa mele ladan. Se paske li vle pran batay nou an pou kont li, pou nou pa bay baryè lè lap defann nou. Sòm.140 :8
2. Li mete sou nou yon sistèm pou defans nou, pou proteje nou kont atak advèsè a. Sòm.91 :1
3. Lè batay la fini, sè lè sa li reveye nou pou nou al gade ravaj li sot fè depi isit jouk nan bout la tè. Sòm.46 : 9
4. Se li ki abit. Se li ki pou sifle pou di lè batay la gen pou l fini. Sòm.46 : 10

   Yo rele l Letènèl Bondye lame a. Li pa janm pèdi batay depi rebelyon Lisifè jiska Itlè ak tout lòt fòs envisib ou byen visib. David di: Depi li kanpe a dwat mwen, mwen pap bite. Sòm.16 :8

   E pouki rezon zanmi, ou pa vle rete kanpe bò kote l ?

Pou fini
Sonje sèlman ke Bondye jalou. Pinga ou chèche lòt. Li pap pran sa nan men w.

Kesyon

1. Mountre ki jan Bondye sansib pou non li.
   Li di kan de ou twa ini nan non li, lap nan mitan yo.
2. Ki sa l fè lè nap dòmi ?
   a. Lap bay nou manje.
   b. Lap proteje nou de tout malè
   c. Li fè nou fè rèv.
3. Ki sa Jezi di osijè de lannwit ?
   Se moman pou bèt sovaj yo soti chèche manje yo.
4. Ki sa travay lannwit kap fè nou ?
   Nou kap fè kansè, tansyon, dyabèt
5. Ki kote Bondye kanpe lè nap pran gwo desizyon nou yo?
   Kote nou rele l la.
6. Ki kote li kanpe lè nou andanje ?
   Egzakteman kote nou rele l' la pou l defann nou.
7. Pouki sa lè nou nan gwo konba li kouvri tèt nou ?
   Paske se pa nou ki pral goumen. Se bagay ki regade l.

Leson 10 Sa ke nou dwe sonje de lamou Bondye

Tèks pou prepare leson an: Sòm. 46:1; 103:13-22; 116:15; Jer.5:22; Mat.11:28; 18:20; Jan.11:25-26; Wom.8:32; Kol.3:3; Jak.1:17

Tèks pou li nan klas la: Sòm.103:13-22

Vèsè pou resitasyon: Tout pi bèl favè, tout pi bon kado nou resevwa, se anwo nan syèl la yo soti, nan men Bondye ki kreye tout limyè. Bondye pa janm chanje, ni li pa gen anyen ki ta ka sanble yon chanjman nan li. **Jak.1:17**

Mwayen pou n fè leson an : Diskou, konparezon, kesyon

Bi leson an: Pale de amou Bondye ki pa janm chanje.

Pou komanse

Gen anpil bagay nou konstate ki fè nou santi amou Bondye. Li manifèste nan yon fason nou pa ta kwè. Annou fè yon ti gade:

Nan limit li bay lòm

I. Li bay lanmè yon limit li pa kapab depase. Ni bèt ak tout lòt bagay gen yon dimansyon ke yo pa kapab depase. Pou lòm, li pa gen limit paske li mete etènite nan li. Se yon fason pou di w ke li mete posiblite avni nan li.
    Ekl. 3 :11 ; Jer.5 :22 ; Jan.10 :28

II. **Nan sezon yo ki vini yonn apre lòt.**
    Prentan, Lete, Lotòn ak Livè. Yo vini chak twa mwa. Bondye pa gen sezon, ni chanjman. Li la etènèlman. Li la pou l beni nou tout nan tout sezon. Sòm.46 :1 ; Jak.1 :17

III. **Nan oryentasyon.**
    Gen 4 pwen kadino : Nò, Sid, Lès ak Lwès. Bondye nou an pa gen 4 pwen kadino. Li pa gen fasad. Bondye pa gen do. Si nou wè nan Bib la kote li di : Bondye bay ou do, sa vle di li bay ou madichon. Jer.18 :17

IV. Nan bonè

Lajan, laj, richès, pouvwa ak popilarite pa vle di bonè pou Bondye. Vrè bonè a se glwa li nou pral pataje avè l nan syèl la. Mande Laza, la di w. Kol.3 :3

V. Nan lanmò

1. Lanmò yon kretyen pa yon chatiman ni yon pèd. Pòl ta va di « se yon benefis pou li » Fil.1 :21.
2. Moun nan ki ekri Sòm 116 la di : « Lanmò moun ki renmen Bondye yo se yon bagay ke Bondye bay valè. Sòm. 116 :15.
3. Dabò menm, ki moun ki kapab repwoche Bondye pou yon bon moun li ki mouri ? Nou pa sonje ke li pat epanye menm pwòp pitit li ? Wom.8 :32
4. Li gen viktwa sou lanmò. Li fann li ande pou fè wout pou nou, pou nou jwen lavi. Se konsa li delivre nou anba perèz pou lanmò. Jan.11 :25-26
5. Li defèt distans ki gen ant syèl ak tè a. li desann vin jwen nou nan boubye peche nou an san li pa mete gan nan men li, ni mask nan figi l. Li ouvri de bral ak lamou ak mizerikòd pou sove nou. Mat.11 :28
6. Li toujou prèt pou tande nou depi nou reyini nan non l. Mat.18 :20

Pou fini

Men kalite Bondye sa ki bay nou prèv ke li renmen nou. Li tèlman renmen nou ke li fè jalouzi pou nou. Jak.4 :5 An nou viv toutan pou fè l plezi.

Kesyon

1. Di nou pami zèv Bondye yo ki lès ki pa gen limit. Lòm
2. Pouki sa ? Paske li te soufle letènite nan li.
3. Nan ki sezon Bondye kap beni nou plis ?
   Nan tout sezon
4. Pouki sa ? Paske Bondye pa gen sezon.
5. Chwazi nan ki fasad ki pi fasil pou Bondye reponn priyè nou.
   Nan tout pwen kadino yo
6. Pouki sa? Bondye se Espri, li pa gen fasad.
7. Pouki sa kretyen yo pa dwe pè mouri ?
   Paske lanmò pou yo se pa yon pèd, se yon benefis.

Leson 11 Pyè renye Jezi twa fwa

Tèks pou prepare leson an: Sòm.1:1-6; Mat. 14:22-33; 16: 22-23; 26: 69-75; Lik.22: 54-62; Jan.18:10-11
Tèks pou li nan klas la : Lik.22 :54-62
Vèsè pou resitasyon : Yap mache di yo konn Bondye, men sa yap fè a demanti yo. Yo bay degoutans, yo rebèl, yo pa ka fè anyen ki bon. **Tit.1 :16**
Mwayen pou n fè leson an : Diskou, konparezon, kesyon
Bi leson an : Wè ki jan nou sanble tèt koupe ak apòt Pyè nan fason li te renye Senyè a.

Pou komanse
Pri pye w veye tonbe w. Apòt Pye kap pale anpil sou koze saa. Ki sa ki te rive l?

I. Li demekonèt Jezi pandan twa fwa swit an swit.
1. Li nye li devan yon ti domèstik Mat.26 :71
2. Li nye gwoup li manb ladan an devan yon lòt domèstik. Mat.26 : 73
3. Li nye peyi kote l soti a devan yon lòt moun ki tap fouye l pou konnen kote l soti. Mat.26: 69

I. Ki sa ki te kòz li te nye mèt li?
1. Li tap swiv Jezi a distans. Sa te kont pou fè vi èspirityèl li vin sèch. Lik.22 :54
   Li te chita anba bouch moun ki tap fè landjèz. Li te santi li alèz nan mitan moun ki lèdmi ak Senyè a. Lik.22 :55
2. Li te fin kwè ke diplòm li te gen apre twazan nan lekòl Jezi a te kont pou anpeche l chite. Li te inyore ke pisans Sentespri a se sèl fòs ki pou kenbe nou nan levanjil la. Jid. 24
3. Li bliye ke menm si Jezi prezan, ou gen dwa chite si w pa gen la fwa. Mat.14 : 29-30
4. Li bliye lòske li tap pale lèd, Jezi te di l : « Satan, Rale kò w sou mwen. » Mat.16 :22-23

Se sa ki te lakòz li kwè li te kapab defann levanjil ak yon manchèt kan li te koupe zorèy Malkis. Jan.18 : 10-11

II. Mansonj Pyè yo pat kapab kenbe. Lik.22 :54-59
1. Yo kenbe l paske li tap pale nan vil Jerizalèm ak fason moun Galile yo te pale. Li pa kapab kache kote l te soti a.
2. Atitid li te trayi l. Pa gen mwayen pou li te kache tanperaman li ni edikasyon li kòm pechè pwason. Li komanse di mo sal devan dèyè. Mat.26 :74
3. Vi sal li te konn mennen avan konvèsyon li an retounen tou nèf.

III. Yon avètisman pou nou menm jodia
1. Pa konprann ke trofe nan Lekòl di dimanch, diplòm nan lekòl, nan kolèj ak inivèsite kap garanti w pou w pa chite. Lisifè te chite ak plis konesans pase sa.
2. Aktivite nou nan legliz, nan gwoup ak nan koral pap jan kranponen Satan.

Pou fini
Lage nou nèt nan men Jezi. Li sèl kapab prezève nou de tout chit. Amou li ak pisans li kapab gade nou nan moman tantasyon yo.

Kesyon

1. Konbyen fwa Pyè te renye mèt li ? Twa fwa
2. Ki sa ki te la kòz sa ?
   a. Li tap swiv Jezi a distans
   b. Li te chita kote moun ki tap fè landjèz
   c. Li te kwè nan konesans teolojik li
   d. Li pat ko gen le Sentèspri
   e. Fwa li te febli.
3. Bay prèv ke manti Pyè yo pa kanpe sou anyen
   a. Li pat kapab kache moun ki bò li ye
   b. Li pat kap kache edikasyon li kòm pechè pwason
   c. Moun Jerizalèm pa konnen kalite mo sal yo lap di a.
4. Ki leson nou kap jwen nan sa pou nou jodia ?
   a. Konesans nan Bib la ak nan lekòl pa kapab anpeche nou chite.
   b. Yo pa kapab kranponen Satan

Leson 12 Kote lanmou gen batay la

Tèks pou prepare leson an: Mak.16:7; Jan.21:1-17; Tra.4:19-20; 6:7
Tèks pou li nan klas la: Jan.21 :15-17
Vèsè pou resitasyon : Nou menm, nou konnen nou soti nan lanmò, nou antre nan la vi. Nou konn sa, paske nou renmen frè nou yo. Moun ki pa renmen frè l, li mouri. **1Jan.3 :14**
Mwayen pou n fè leson an : Diskou, konparezon, kesyon
Bi leson an: Prezante lanmou kòm baz rekonsilyasyon

Pou komanse
Kant nap li Jan:15-17, nou gen enpresyon ke nap antre nan yon bèlantre kote Lanmou sèl te gen randevou.

I. **Se lanmou nan pli wo degre**

1. **Ki pèmèt ou padonen yon zanmi ki demekonèt ou**
   Depi menm jou Jezi resisite, li voye komisyon bay Pyè pou vin jwen ak li nan Galile. Jezi te konnen ke misye te tèlman wont, ke li te déjà bay demisyon li kòm apòt. Mak.16 :7 Lè li te voye chèche l, se te yon fason pou di l ke li padonnen l davans.

2. **Ki pèmèt ou remonte yon moun ki konnen l fini ak la vi a.**
   Jezi te vini bò lanmè Tiberyad la. Li pran pòz yon vye gran moun, pou pèson pa kapab rekonèt li toudenkou. Jan.21 : 4-5 Li te fè sa pou l pat farouche Pyè. Sansa misye tap pete kouri. Sitèlman vrè, kan li rive konnen ke se te Jezi, li egare, li abiye l byen abiye epi li jete tèt li nan dlo ak toutrad li. Jan.21 :7 Lòt disip yo pat fè sa paske yo pat santi yo te koupab tankou Pyè. V.8

3. **Ki pèmèt li rebati yon amitye ki te deteryore.**
   Li manje ak yo. Li koze ak yo. Jezi di ki sa li vle manje. Sèlman Li pa vle manje manje kouche. Li mande nan pèch la yo sot fèk pran an. V.10

Se li menm ki mande yo pou yo pwoche pou yo manje ansanm avè l.V.11
Finalman, li pale ak Pyè sèlman paske bi rankont la se pou l te rekonsilye ak misye. Jan.21 :15

4. **Ki pèmèt li chanje yon lèdmi an fanatik pou li jiskaske l mouri pou li**
   a. Premye kesyon: *Pyè eske ou renmen pi plis pase jan lòt disip yo renmenm?* Lè sa li anplwaye mo AGAPE ki vle di amou ki pi gran an. Pyè reponn: « Senyè, ou konnen m renmen w. Pyè anplwaye mo FILEO. Sa vle di: «Mwen renmen w vre Senyè, men pa jis nan pwen saa. Fileo se amou nan dezyèm degre. Jan.21 :17
   b. Jezi tounen poze l menm kesyon ankò, e li anplwaye mo AGAPE a. Pou reponn li, Pyè anplwaye menm mo FILEO a.
   c. Men piske Pyè te pwomèt pou defann Jezi, e ke olye de sa, **li renye l twa fwa**, pou touche konsyans li, **Jezi poze l kesyon twa fwa tou.**
   d. Nan twazyèm fwa a Jezi anplwaye mo FILEO a. Se yon fason pou di l : Si ou pa kapab renmenm nan pi wo degre a, mwen dakò. *Men eske o mwen ou renmen m tankou yon zanmi?*
   e. Pyè si tèlman wont, li di : Senyè, ou konn tout bagay. Ou konnen mwen renmen w.
   f. Sèlman, *a chak repons Pyè bay, Jezi mande l yon sèvis.* Li di : *« Pran swen mouton m yo ».*
   g. Se yon fason pou Jezi fè nou sonje ke ni pitit nou yo, ni fidèl legliz la se pa byen pastè a ni paran yo. Yo tout se mouton Jezi ki sou kont nou e ke nou dwe yon jou rann li kont. V.15, 16, 17

II. **Ki jan Pyè te montre l vin byen ak Senyè a?**
   1. Li pran pozisyon pou Jezi pou l defann levanjil la. Tra.4 :19-20
   2. Li kontan paske yo te imilye l akòz Sovè a. Tra.5 : 40-41

3. Li preche pawòl ak si tèlman konviksyon ke 5000 jwif konvèti. Apre sa te gen menm yon bann sakrifikatè ki te vin konvèti. Tra.4 :4;6 :7

Pou fini
Avan yon moun te vin lèdmi w, te gen yon rezon ki te fè nou zanmi. An nou bat pou nou fè tankou Jezi. Na sezi si yo vin fanatik pou defann kòz nou.

Kesyon

1. Ki jan Jezi te rekonsilye ak Pyè ? Li te padonnen l.
2. Nan ki sikonstans ? Nan yon dinen li pran ak tout disip yo.
3. Eske se te yon bagay fasil ? Non
4. Pouki sa?
   Pyè te pito lage kòl nal dlo ak tout rad li pou l pat rankontre ak Jezi ankò.
5. Eske li te raple Pyè tout sa ki te pase yo ? Non.
6. Ki jan li te fè apwòch la?
   Li te mande l eske li renmen l.
7. Pouki sa li te poze l kesyon sa twa fwa ?
   Paske Pyè te renye l twa fwa.
8. Ki jan Pye te montre l dakò ak mèt la ?
   a. Li te defann ministè Kris ak anpil kouraj.
   b. Li te kontan pran chòk pou tèt non Jezi.

Lis vèsè pou trimès la

Leson 1
Moun ki pa gen renmen nan kè yo, yo pa konn Bondye, paske Bondye se renmen menm. **1Jan.4 :8**

Leson 2
Sou pwen sa, Bondye moutre nou jan li renmen nou anpil. Pake nou tap fè peche toujou lè Kris mouri pou nou. **Wom.5 :8**

Leson 3
Se konsa, lè nou pat kapab fè anyen pou tèt pa nou, Kris la mouri pou tout moun ki meprize Bondye, nan tan Bondye te fikse pou sa te rive a. **Wom.5 : 6**

Leson 4
Se Bondye menm ki kenbe m fèm, ansanm ak nou tout, nan la vi nap mennen nan Kris la. Se li menm ki mete nou apa pou li. Li menm ki make nou ak letanp li.

Leson 5
Se Bondye menm ki kenbe m fèm, ansanm ak nou tout, nan la vi nap mennen nan Kris la. Se li menm ki mete nou apa pou li. Li menm ki make nou ak letanp li. **2Ko.1 :21-22a**

Leson 6
M'ap fè lwanj ou paske ou pa manke fè bèl bagay. Tout sa ou fè se bèl bagay. Mwen konn sa byen **Sòm.139 : 14**

Leson 7
Syèl la fè parèt aklè pouvwa Bondye a. Li fè tout sa Bondye te fè ak men l. **Sòm.19 :1**

Leson 8
Kitem di Senyè a mèsi ! Kitem di Senyè a kip a tankou tout moun lan mèsi ak tout nanm mwen. Sòm.103 :1 **Sòm.103 :1-2**

Leson 9
Paske chak fwa 2 ou 3 moun mete tèt yo ansanm nan non mwen, map la nan mitan yo. **Mat.18 :20**

Leson 10
Tout pi bèl favè, tout pi bon kado nou resevwa, se anwo nan syèl la yo soti, nan men Bondye ki kreye tout limyè. Bondye pa janm chanje, ni li pa gen anyen ki ta ka sanble yon chanjman nan li. **Jak.1 :17**

Leson 11
Yap mache di yo konn Bondye, men sa yap fè a demanti yo. Yo bay degoutans, yo rebèl, yo pa ka fè anyen ki bon. **Tit.1 :16**

Leson 12
Nou menm, nou konnen nou soti nan lanmò, nou antre nan la vi. Nou konn sa, paske nou renmen frè nou yo. Moun ki pa renmen frè l, li mouri. **1Jan.3 :14.**

Dife Tout Limen

Dife 9 – Seri 2

Jistis Bondye ak Jistis Lezòm

Avangou

Kan nap pale de jistis, nou pat janm panse fè okenn ablabla. Si mo sa yo nou rele koupab ak inosan, bouro ak viktim, moun ki gen tò ou byen moun ki gen rezon, si yo vrèman egziste, e si tou mo tankou chatiman ak rekonpans, benediksyon ak malediksyon egziste, si mo tankou jistis ak enjistis egziste, menm jan tou mo tankou Dwa, Lwa ak lajistis dwe egziste e moun ki pou aplike yo tankou Jij, avoka, ak Lapolis dwe pou gen plas yo tou. Se pou yo konnen dwa pou aplike lalwa e bay jistis.

Konnen byen ke se pa nou lòm ki montre Bondye sa ki byen ak sa ki mal, malè ak bonè, syèl ak lanfè. Piske tout moun gen 2 nasyonalite, yo tout dwe obeyi a pwensip ki gouvènen chak kote yap viv la. Si ou fè yon fòt anwo tè a, gen tribinal sou tè a ak moun ki pou jije w. Men pou tout fòt piblik ou kache, Bondye gen yon tribinal pou jije lòm nan dènye jou. Pa gen moun ki kap wete kò li. Nan mesaj li te bay sou Mòn nan, nan mesaj li sou sa ki gen pou pase nan dènye jou yo, e de tanzantan sou ministè li, le Senyè pale de jijman. Tout apòt yo tou, pale de sa byen klè. A pati de jodia, ke pèson pa wè nan Jezi sèlman yon Sovè, men yon jij ki pa nan patipri e ki yon Dife Tou Limen pou devore tout moun ki rebèl.

Renaut Pierre-Louis
Lotè liv la

Leson 1 Jistis Bondye se yon desizyon etènèl

Tèks pou preparasyon: Egz.20:5; Lé.11:44; No.14:18; Eza.45:22; 57:15; Jé.30:11; Eze.18:20; Aba.1:13; Jan.3:14-19, 36; 2Ko.5:10; 1Pyè.1:15;
Vèsè pou li nan klas la: Jan.3:14-19
Vèsè pou resitasyon: Paske, nou tout nou gen pou n konparèt devan Kris la pou li ka jije nou. Lè saa, chak moun va resevwa sa ki pou li dapre byen osinon dapre mal li te fè antan l te nan kò a. 2Ko.5:10
Fason pou fè leson an: Diskou, konparezon, kesyon
Bi leson an: Prezante jistis Bondye tankou yon eta pafè de karaktè l.
Pou komanse
Yon zanmi di m konsa : « Mon chè, tout kòm tresayi lè map pase devan yon biro polis. Bon. Eske yon moun ka evite biro sa yo ? Eske se lòm ki envante la Jistis ? Kote la Jistis soti?

I. Lajistis soti nan Bondye.
   1. Li moutre ki jan Bondye sen. Zye Bondye two pi pou l gade sa ki mal. Aba. 1:13
   2. Sentete li vle di jistis li tou.
      a. Se vre ke li abite nan yon kote ki piro e nan sentete, men li desann li pou li ansanm ak moun ki imilye yo, ki gen kè kase pou li remonte yo. Eza.57:15
      b. Se vre ke li yon Bondye ki gen mizerikòk men li egzèse jistis nan Lanfè pou manifèste kolè li kont moun ki te rebèl, ki pat vle repanti. Jan.3:36
      b. Antanke Papa nou ki sen, li egzije ke nou pitit li kapab sen tou. Lev.11:44; 1Pyè.1:15

II. Jistis li pa nan jistepri ni tròke
   1. Mal la fèt pou l pini. Bondye te toujou prèt pou defann pèp Izrayèl, men kan l fè dezòd, li kale l. Jé.30:11
   2. Lajistis Bondye pa janm chanje plas. Se lòm ki pou konnen pou l repanti. Piske li pran kouri devan Bondye depi nan Jaden Eden nan, se li ki pou konnen pou l retounen jwen

papa l. Li di yo : « Tounen jwen mwen, map sove w. Menm si w lwen, jouk nan bout latè. Tounen paske mwen se Bondye, pa gen lòt ankò. Konsa pa pèdi tan w e sitou pa pran chans. Eza.45:22

3. Dayè, mwen pap pran dedomajman nan men w. Pechè pa kapab negozye padon an ak Bondye. Ou pa gen anyen ou kapab bay li pou satisfè l. Ou mèt te rann sèvis nan legliz, ou mèt fè moun charite, ou mèt pa manke okenn sèvis, tout sa yo pa kapab ranplase yon konfesyon sensè ak repantans pou jwen padon Bondye.

III. Jistis sa se Bondye sèl ki kap deside l.

1. Bondye mete w devan l e se rou ki pou peye pou sa w fè. Eze.18:20 E si ou pa kap fin peye pou sa w fè, Bondye ap fè pitit a pitit ou peye l jiska katryèm jenerasyon w. Egz.20:5
2. Sèlman, Bondye pa gade rankin a pechè a ki repanti tout bon de fòt yo, kelke swa fòt la. Som.103:9
3. Bondye pa nan moun pa. Konsa li pap pase kòz inosan an anba pou bay koupab la rezon. No.14:18
4. Li gen lè li, li gen fason li, li gen kote pal pou l pini w. Li pap pran konsey nan men pèson pou l fè sa. Tra.17:31

Pou fini

Jou sa gen pou rive lè w pa kwè. Mwen ta konseye w pou w prepare w depi kounyeya pou w rankontre Bondye, mèt ou. Amòs.4 :12

Kesyon

1. Ki sa ki moutre lajistis Bondye?
2. Sentete li
3. Ki sa Bondye egzije de pitit li yo ?
4. Pou yo sen tankou li menm.
5. Ki jan Bondye aji kont moun ki koupab
   a. Li pap pase inosan anba pou l bay koupab rezon. Li pa nan moun pa
   b. Pinisyon li pèsonèl.
4. Ki sa lap fè nan lanfè? Lap manifèste kolè li kont moun yo ki pat vle repanti
5. Eske Bondye konn bliye pini moun? Non. Li gen lè, fason l ak kote pou l pini moun.
6. Ki sa nou kapab ofri Bondye pou evite pinisyon l? Anyen
7. Ki sa lap tann de nou ? Pou nou konfese peche nou e pou nou repanti

Leson 2 Lajistis Bondye, yon desizyon moun pa kap chanje

Tèks pou preparasyon: Jen.7:17-21; Egz.32:1-5; No.10: 11; 13:25; 14:22-23; 20:9-12; Lé.10:1-3; Egz.18:20; Tra.17:30-32; Wom.1:20; 2Pyè.3:9

Vèsè pou li nan klas la: Tra.17:30-32

Vèsè pou resitasyon: Men, Bondye fèmen je l sou tout tan sa yo moun pase nan linyorans. Kounyeya, li rele yo tout, kote yo ye, pou yo tounen vin jwenn li. Se konsa tou, li fikse yon jou lè li gen pou l jije tout moun san patipri. Tra.17:30-31a

Fason pou fè leson an: Diskou, konparezon, kesyon

Bi leson an: Mete tout kretyen an gad pou yo pa fè neglijans ak Sali nanm yo.

Pou komanse

Eske nou janm obsève Jij yo nan tribinal? Yo pa janm prese rann yon jijman. Nou konn pouki? Se paske depi yo fin pwononse santans la, yo pa gen dwa tounen sou li ankò. Kote yo aprann sa ? An nou ale nan la Bib pou pran kontak ak Gran Jij la.

I. Bondye pran tan pou l prononse jistis li
   Sou enkredil nan tan Noye a. Jen.7:17-21.
   Yo te kap kwè apre yo finn nwaye nan Delij la, tout bagay te fini. Apre kat mil an te pase depi yo te mouri, Jezi vini al jwen yo pou l bay yo santans yo. E byen nan twa jou Jezi te pase anba la tè, la Bib di ke li tap preche a espri yo ki te nan prizon. Li tal avèti yo de jijman kap tann yo paske yo te pèdi chans pou yo te repanti lè Noye tap preche yo. Kounyeya se dènye jijman kap tann yo. 1Pyè.3:18-20

II. Pou preche, la Bib itilize mo Kerusso ki vle di pwoklamasyon. Li pat itilize mo Euanggelio ki vle di Bòn nouvèl. Pwoklamasyon sa se te yon move nouvèl. Bondye pa tap bay mokè yo chans kant yo tap pase Noye nan betiz.

III. Sou enkredil yo nan tan Moyiz

a. Israyèl te pase dezan nan pye Letènèl, nan montay Sinayi a. No.10:11. Pou yo te antre nan peyi Kanaran an, sa pa tap pran yo plis ke 40 jou. No.13:25
Akòz dezobeyisans yo, Bondye fè yo gaga pandan karant an nan Dezè a. Oboudikont, li touye tout jwif enkredil yo na lye saa. No.14:22-23

b. Moyiz ak frè li Araron pat antre tou. No.20:9-12
Moyiz pat antre pou move san li ak grandizè li te fè a Meriba. Araron li menm pat antre paske li te fè ti bèf annò a pou Israyèl, pou tolerans li kòm papa : li te kite pitit li Nadab ak Abihu fè sa yo te vle nan sèvis Bondye.
Egz.32:1-5; Lé.10:1-3

c. Moun ki peche a se li ki pou peye sa l fè a. Ez.18:20

IV. Sou moun nan syèk saa.

Yo menm yo vini ak yon bann teyori.

a. Sou relijion, sou evolisyon, sou egzistans Bondye. An nou koute sa yo di :

b. Karl Max nan Manifest Kominis di ke Relijion se yon bagay pou fè moun dòmi.

c. Dawin nan teyori li sou evolisyon di Se Makak ki zansèt lòm tankou Bondye nou an se premye Makak.

d. Nan lane 1953 Fransis Pikabia di «Lepap se avoka Bondye. Domaj Bondye mouri, li pèdi klyan saa ».
Pou byen di, vye koze sa yo pat gen lòt bi ke pou ekate Bondye nan wout yo.
Gen menm ki rann Bondye reskonsab de mizè yo. Ki lachte sa ! Kan Bondye fin bay ou kapasite pou devlope, miltiplye pou ranpli la tè epi jodia ou vle blame l pou dèven ki frape w!

e. Gen yon kòlonn menm ki pa bay Bondye fè anyen pou yo. Yo sèlman kwè nan lasyans ak mèvèy li yo. Yo di ke yo dakò ke Bondye egziste si nou kap bay yo yon prèv.
Dapre yo, Bondye se yon eleman ou kap dekouvri nan laboratwa. Yo pa vle egzèse la fwa. Apòt Pòl deklare ke depi Bondye te fin kreye tout bagay, tout moun ki

egzaminen travay li yo ka konprann ki kalite moun Bondye ye, bagay nou ka wè ak zye nou. Se sa ki fè moun yo pa gen okenn eskiz. Wom. 1:20-21

Se pou yo konnen ke Bondye pap pran tan pou akonpli pwomès li yo, tankou gen moun ki kwè sa, men lap pran pasyans ak yo paske li pa vle pèson peri men ke tout moun kapab repanti. 2Pyè.3:9

Pou fini

Byeneme, nou te nan bann sa tou e nou tap fè sa nou pito. Men piske Jezi sove nou, an nou gade la fwa nan li e an ale chèche nanm yo ki pèdi a.

Kesyon

1. Kote Lajistis la soti? De Bondye
2. Kote nou aprann sa ? Nan Bib la
3. Bay nou twa gran vèdik nan Bib la
   a. Vèdik sou moun nan tan Noye a
   b. Vèdik sou enkredil yo nan tan Moyiz
   c. Vèdik sou moun nan syèk saa.
4. Ki moun ki va pwononse santans la sou moun nan tan Noye a? Jezikri
5. Ki lè li bay yo anons saa?
   Pandan twa jou yo li te pase nan tonbo a.
6. Sa Keruso vle di? Pwoklame
7. Sa Euanggelio vle di ? Evanjélize, preche Bòn Nouvèl la.
8. Konbyen tan Izrayèl te pase nan Dezè kòm penitans ?
   Karant an.
9. Ki dènye jijman Bondye yap tann? Lanmò etènèl

Leson 3 Lajistis Bondye, yon desizyon ki pap chanje (pou kontinye)

Tèks pou preparasyon: Egz.20:3; No.5: 6; 12:1, 9, 10,15; De.32:15-20; Jij.6:8; 2Wa.17:6; 24:1-4; 2Ch.7:17-22; Eza.55:7; Am.5:3; Mat.5:22; 17:5; 25:41 ; 2Ko.5:10; 2Ti.1:8; 2:9-12; Ebre.1:14; 4:14; 1Pyè.2:8
Vèsè pou li nan klas la: De.32:15-20
Vèsè pou resitasyon: Piga nou gen lòt Bondye pase mwen menm sèlman. Egz.20:3
Fason pou fè leson an: Diskou, konparezon kesyon
Bi leson an: Moutre koman Bondye pa gen moun pa devan lajistis.

Pou komanse
Kan Bondye ap pini yon moun ou yon pèp pou peche l, li fè w santi ke se li menm menm kap kale w.

I. Lap pini w nan menm degre ou te fè domaj a repitasyon l.
Li prevwa touye moun pou twa kalite derèspektan.
1. Premye a se kant ou Adore zidòl.
   a. Se li menm Bondye ou vekse. Pèp Izrayèl te pase 430 lane nan esklavaj Anejip. Sonje byen ke Ejipsyen yo te mete tout zidòl ansanm pou yo di ke se yo tout ki fè gran Dye nap pale a. Ki veksasyon sa ! Se poutèt sa Bondye odonen Izrayèl pou li adore li sèl kòm Bondye tout bon an. Egz.20:3
   b. Depi yo pa koute l li depote yo pou ya l pran imiliasyon nan peyi Asiri (Iran) nan Babilòn (Irak) e nan peyi filisten yo. 2Wa.17:6; 24:1-14; Jij.10:6-8
   c. Pa sezi si lè sa yo li meprize ofrann pèp la, depi nan bèl tanp wa Salomon an jis nan chante yo tap chante pou Bondye si tèlman Bondye fache ak yo. 2Kron.7:17-22
2. Dezyèm veksasyon an se kan yon moun ap denigre lòm ke li kreye tèt koupe avè l.
   a. Pa gen yon moun ki gen dwa denigre ou avili frè l. Ou pa gen dwa di yon moun « enbesil ». Se komsi ou te joure

Bondye li menm ki te fè moun nan sanble avè l. Konsa, premye moun ki blese se Bondye e li kap voye w nan lanfè pou sa. No.5:6; Mat.5: 22

    b. Moun pa gen dwa gen prejije sou koulè pwochen l. Paske Mari, gran sè Moyiz tap kritike l pou maryaj li ak yon moun nwa, Bondye bay Mari yon maladi lalèp tou blanch, ki te lakòz li pat kap soti nan lari.
No.12:1, 9, 10,15

3. Twazyèm veksasyon an ki pi grav atò, se lè yon moun refize konvèti. 2Tès.2:9-12

    a. Koute byen : pa gen moun ki kap mezire distans ant syèl la ak tè a. Jezi fè tout wout saa pou vin sove nou. Se amou li pou nou ki oblije l fè sa. Ebre.4:14

    Bondye te prezante l an piblik pou l di : « Sila, se de grenn zye tèt mwen. Lè l pale ak nou, koute l. Mat.17:5 Konsa lè yon moun refize konvèti, se pi gran veksasyon li voye nan figi Bondye.

    Konsa nan dènye jou a, se Jesi li menm ki va chita nan tribinal pou jije yo. Li va parèt nan syèl ak zanj pisan yo pou pini moun ki pat konnen Bondye e ki te refize asèpte levanjil. 2Tès.1:8; 1Pyè.2:8

    c. Yo pral konnen chatiman etènèl nan dife lanfè ki te prepare pou Satan ak zanj li yo. Mat.25:41

Pou fini

Zanmi, wap file yon move koton. Retounen jwen papa Bondye. Jezi bay ou garanti lap padonen w. Eza.55:7

Kesyon

1. Bay twa ka kote Bondye pap chanje desizyon l pou pèson.
   a. Lè yon moun adore zidòl
   b. Lè yon moun avili lòm ke li kreye tèt koupe avè l.
   c. Lè yon moun refize konvèti
2. Di twa peyi ki te dominen Izrayèl. Babilòn, Asiri ak Filisten yo.
3. Ki distans syèl la genyen ak la tè
   Distans amou Bondye pou nou.
4. Ki jij ki va chita nan tribinal pou jije lòm odènye jou ? Jezikri.
5. Ki chatiman kap tann rebèl yo. Lanfè

Leson 4 Lajistis Bondye, yon balans ki pa gen koken

Tèks pou preparasyon: Egz.30:12, 15, 20, 32; Lé.1:9; Lé. Chap.5; 19:36; De.19:11-12; Esd.10:10-12; Ez.18:20; Am.8:5; 9:2-3; Mal.1:7-8; Mat.7:12; Jan.10:28; Ac.2:16-18; 20:28; Wom.12:1; 2Ko.6:14, 17-18; Fil.4:8-9; Jak.4:8; 5:16; 1Pyè.1:15; Rev.5:9; 6:16-17

Vèsè pou li nan klas la: Fil.4:8-9

Vèsè pou resitasyon: Tou sa nou ta vle lòt moun fè pou nou, nou menm tou fè l pou yo. Se sa la lwa Moyiz la ak liv pwofèt yo mande nou fè. Mat.7:12

Fason pou fè leson an: Diskou, konparezon, kesyon

Bi leson an: Moutre koman Bondye sevè nan pwensip li.

Pou komanse

Kan nou pale de jistis, nou vle di se egzèse Dwa pou mete verite kote l ye. Se la rezon yo mete nan disiplin atik pa atik.

I. Bondye bay Izrayèl pwensip ke li dwe rèspèkte.

1. Nan seremoni pou fè sakrifis yo:
   Bèt la dwe pou li san defo. Yo dwe lave l ak dlo pwòp. Lév.1:9; Mal.1:7-8
   Nan Ansyen Tèstaman an, pechè a pase bèt la nan plas li. Nan Nouvo Tèstaman an se tèt pa l pou l bay tankou yon sakrifis tou vivan a Bondye. Lè sa Bondye kontan. Wom.12:1
2. Nan fason pou li adore Bondye.
   a. Tout dabò, chak moun dwe vin peye devan Letènèl pri ke vi l koute. Chak moun dwe peye menm pri kit ou rich, kit ou pòv paske devan Bondye tout moun gen menm valè. Egz.30:12,15; Wom.12:1
   Lè Izrayèl soti Anejip, li te redevab a Bondye pou delivrans li. Li voye yon maladi sou tout moun ki kwè yo te kapab bay li vag. Egz.30:12
   b. Answit, li dwe pwòp. Bondye Sen, li vle nou menm pitit li sen tou. Konsa, li obligatwa pou nou konfese.

Egz.30: 20; Jak.4:8; 5:16
   c. Anfen, fòk ou ranpli ak Sentespri nan vi ou. Se sa onksyon an vle di nan Ansyen Tèstaman an. Se li ki yon remak pou yon kretyen. Egz.30:30-32; Tra.2:16-18; 1Pyè.1:15
3. Nan lwa yo ak relasyon moun antre yo.
   a. Nan bisznis:
   Moun pa gen dwa fè koken nan biznis lap fè ak lòt moun.
   Lev.19:36; Am.8:5
   b. Nan maryaj
   Tou de moun yo dwe pou jwif. Sinon, se Bondye ou trayi. Konsa yon kretyen pa gen dwa marye ak yon moun ki pa kretyen.Se tankou ou bay Bondye yon kalòt nan figi l. Esd.10:10-12; 2Ko.6:14,17-18
   c. Fè koupab la rantre nan peyi l pou l sa jije.
   Menm si kriminèl la janbe fwontyè a, se pou yo fè l retounen pou resevwa jijman l, pou jij la bay li santans li. Dapre lwa Penal Intènasyonal, lòt peyi pa kap di li pap livre l. Konsa, nan dènye jou jijman Bondye a pap gen chans pou mechan yo. Tout mò nan lanmè ak nan tonbo gen pou leve pou resevwa jijman yo.
   De.19:11-12; Am.9:2-3; Rev.6:14-17
   d. Kontrat vant kay ak tè.
   Lontan moun yo te konn fè tròk. Moun yo te senyen kò yo pou tou le de moun yo mete san yo sou papye a. Chak moun te pran mwatye nan papye saa ak tout san an sou li. Se la mo siyati a soti. Konsa moun yo angaje vi yo ak lonè yo pou rèspèkte kontra saa.
   Jezi mete san li sou bwa kalvè. Li angaje vi li ak lonè li pou sove nou. Ni moun pa kapab bay li pakala. Nou pa kontribye anyen nan Sali nou. Se poutèt sa, nou bay li vi nou ak tout san nou pou sèvi l. Jan.10:28; Ac.20:28; Ap.5:9

Pou fini
Konsa jistis Bondye li byen chita. Li la pou tout moun. Si lòm te bay jistis konsa sou tè a ! Nou te bon nèt.

Kesyon

1. Sa jistis la ye ?
   Se la rezon yo mete kote l dwe pou ye.
2. Nan ki kondisyon bèt la dwe pou yo prezante l pou sakrifis la ? Li dwe pou l pwòp, san defo.
3. Ki fason pou nou prezante nou tankou sakrifis a Bondye ? Nou dwe bay li pwòp tèt nou san manke anyen.
4. Ki jan Bondye te mande pèp la pou vin adore l lè yo te soti Anejip ?
   a. Chak moun dwe pou vin peye Bondye pri tèt li koute.
   b. Fòk chak moun te konfese peche yo. Fòk yo te pwòp.
   c. Fòk chak moun te ranpli ak Sentespri a.
5. Koman relasyon moun ak moun te fèt ?
   a. Moun pat fèt pou fè koken nan biznis
   b. Jwif pat gen dwa marye ak payen
   c. Tout kriminèl ki sove kite peyi a dwe pou yo livre yo pou yo vin jije.
   d. Tout kontra gen vale sèlman ak siyati toulede pati yo nan kontraa.
6. Koman Jezi etabli kontra ak nou ? Li vèse san li sou bwa Kalvè pou siyati li.

Leson 5 Sa ki fè jistis la bèl

Tèks pou preparasyon: 1Wa.21:15, 16, 19; 22:34-38; 2Wa. 9:30-37; Pwo.14:34; Mat.10:27; Lik.9:49-50; Jan.8:36; 16:2; Wom.2:5-11; 13:1-7; 1Ko.5:11-13; Ga.3:28; 1Ti.5:18
Vèsè pou li nan klas la: Wom.2:5-11
Vèsè pou resitasyon: Kounyeya pa gen diferans ant moun ki jwif ak moun ki pa jwif ; pa gen diferans ant moun ki esklav ak moun ki pa esklav, ant fanm ak gason. Nou tout nou fè yonn nan Jezikri. Ga.3:28
Fason pou fè leson an: Diskou, konparezon kesyon
Bi leson an: Mete toutaklè moralite nan zafè lajistis.

Pou komanse
Depi nan fòmasyon premye sosyete a, zafè lajistis la te komanse pale. Gen yon moun saj ki di : « Lajistis fè yon nasyon kap leve tèt li ». Pwo.14:34

I. Nan respèk pou dwa moun.
Tout moun gen dwa. Tout moun ta dwe kapab egzese dwa l. Menm jan tout bagay chita obomilye la tè, nou vle kwè ke tout moun obomilye. Pa gen moun ki pi obomilye pase yon lòt, menm si ou vle pouse m, map toujou obomilye. Nou tout egalego. Se konsa Bondye mete nou tout devan l. Sòm139: 13-16

Pa kosenkan, pa gen moun ki pou poze m kesyon pou mande m koman m fè gen tel koulè, ni koman m fè soti nan tèl ras. Bondye te chwazi nou tout pou l fè bitasyon l nan kè nou. Zafè prejije a, se Satan le dyab ki envente l. 1Ko.6:19-20

1. **Dwa libete nan kò nou.**
Tout moun gen dwa sèvi ak kò l jan li vle depi li respekte Lalwa ak lajistis. Si yon moun pa vle sa, se batay li mande w, paske libète se yon dwa sakre. Jezi vini pou retabli nou nan dwa nou. Jan.8:36

2. **Dwa pou posede**
Si ou fè yon moun kado yon bagay ou byen si ou vle vann li, se w ki vle. Men si yon moun vle pran l nan men w, se vole lap vole l. Bondye ap vanje pou rou menm si moun nan ki vle fè w abi a, li vle fè gwo nèg. Li te touye Akab ak madanm li Jezabèl ki te vole tè Nabòt la ki te tou bati ak rezen ladan. 1Wa.21:15-16,19;22:34-38; Wa.9:30-37; 1Ko.5:11-13

3. **Dwa pou adore Bondye selon konsyans ou.**
   a. Yo te fè gwo lagè pou oblije moun kite levanjil. Sonje pèskisyon legliz te gen lè Jesi te fin monte. Sonje kwazad Legliz Katolik nan peyi Palestin kont Mizilman ;
   b. Sonje Enkizisyon panyòl yo pou touye kretyen yo. Yo rele yo Eretik ;
   c. Sonje fèt Sen Batelemi an Frans nan 24 Daou 1572.
   d. Sonje REJETE an Ayiti nan lane 1942 sou presidan Lesco, kan Legliz Katolik, swadizan lap chase lougarou, li tap pèsekite pwotèstan yo.
   e. Jezi vle tout moun adore li selon konsyans yo. Li te di : « Moun ki pa kont mwen, yo pou mwen ». Lik.9:49-50 Sa pa anpeche ke gen moun ki touye w epi yo kwè ke se Bondye yap rann sèvis. Jan.16:2

4. **Dwa pou yo peye w pou w pa fè kòve.**
   Tout travayè gen dwa byen touche pou sa yo fè. Sinon se yon eksplwatasyon. Se yon enjistis ke Bondye pini. 1Ti.5:18

5. **Dwa pou pale.**
   Depi yon moun pa trouble peyi a, moun pa gen dwa bay bouch li baboukèt. Se sa ki fè jistis la bèl kote yo respekte dwa moun.
   Jezikri proklame libète pou moun pale kant li di : « Si mwen di nou yon bagay an prive, monte di l sou tèt kay la. Sa vle di : di l nan radyo, nan televizyon, bay li nan entènèt. Mat.10:27
   Tout goumen ou tande a, se paske gen moun ki kwè se yo sèl ki gen dwa pale.
   Nou bezwen gen lapolis pou konsève la pè piblik. Nou bezwen jij pou bay jistis nan tribinal. Nou bezwen prizon pou

pini moun ki koupab yo. Si se pa sa se dezòd ak vyolans, grèv tout la jounen. wom.13:1-7

Se sa ki fè pale de Maatma Gandi nan peyi End ak Maten Litè Kin nan peyi Etazini ; yo tap preche la pè ak la jistis pou tout moun.

Pou fini
Bondye dakò ak tout moun ki pratike jistis. Mwen ankouraje w pou w pratike la jistis.

Kesyon

1. Ki sa ki fè jistis la bèl ?
   Respèk pou dwa moun.
2. Di mwen 4 nan dwa sa yo
   a. Dwa pou sèvi ak kò w
   b. Dwa pou w travay
   c. Dwa pou w di sa ou vle
   d. Dwa pou w adore Bondye jan w vle.
3. Di 2 moun ki tap preche la pè :
   Maatma Gandi ak Maten Litè Kin
4. Moutre ke Bondye pa gen prejije.
   Li vanje Nabòt kont wa Akab ak Jezabèl
5. Di 2 pèsekisyon sou zafè relijyon
   a. «Rejeté» an Ayiti
   b. Enkisisyon panyòl yo.
6. Si yon moun travay yo mal peye l, koman yo rele sa?
   Eksplwatasyon
7. Sa sa vle di « preche sou tèt kay yo? Pibliyez pawòl la nan radio, nan televizyon, nan entènèt.

Leson 6 Ki jan Jezi wè zafè jistis la

Tèks pou preparasyon: Sòm. 91:13; Es.13:3; Am.2:6; Mat.5:25; Mak.16:17; Jan.5:24; 8:32, 36 Wom.8:1; 5:1-9; 13:4; 2Ko.5:10; 1Jan.2:1

Vèsè pou li nan klas la: Wom.5:1-9

Vèsè pou resitasyon: Si yon moun pote plent pou ou nan tribinal, prese mete ou dakò avè l antan nou prale ansanm nan tribinal la, pou li pa lage w nan men jij la, pou jij la pa lage ou nan men lapolis, pou yo pa mete ou nan prizon. Mat.5:25

Fason pou fè leson an: Diskou, konparezon kesyon

Bi leson an: Konbat vye opinyon kèk kretyen genyen sou zafè lajistis.

Pou komanse

Kan Pwofèt Ezayti tap prezante Jezi tankou yon pye bwa san fòs, tankou you ti bout chouk kap rabougri nan tè sèk ; kan li te di ankò ke li pat byen kanpe ni li pat yon bo gason, tout moun te kwè yo te kap fè sa yo vle avè l. An nou louvri Nouvo Tèstaman an pou n wè si se te sa.

I. Li mande pou tout moun rèspèkte pwensip

Dan ak lang konn mode. Pèson pa kapab evite sa. Si ou fè yon moun tò, li gen dwa rele w nan biro pou w peye yon doma y. Se poutèt sa Jezi konseye nou pou nou antann nou ak moun saa pou nou pa l peye frè biro, pou li pa mete nou nan prizon. Mat.5:25

II. Li kont zafè moun paa. Li pa nan patipri.

1. Jezi pa dakò pou se koulè w, fòs ponyèt ou, ou byen lajan w ki pou bay ou jistis. Sa se vakabondaj. Li vle ke nou mete la verite kote l dwe pou ye. Jan.8:32
2. Moun pa dwe achte Lajistis ni konpwomèt li. Sèl move jij ki vann konsyans yo pou lajan. Pa gen moun tribinal pa jije. Kit ou te gran moun kit ou ti moun, kit ou te rich kit ou te pòv, kit ou blan kit ou nwa, kit ou moun legliz, kit ou pa mache legliz. Amos.2:6

3. Jezi pran lajistis oserye. Nou rele premye jijman Jistis sou tè
   a. Nou rele dènye jijman Jistis nan syèl la. Apre li, se santans la ke Jezi ap prononse. Tout chatiman Bondye bay nou sou tè a, se avètisman yo ye pou nou gen tan ranje zafè nou, pou nou pa tonbe anba dènye jijman sa kap tèrib anpil. Ebre12:10

III. Jezi konseye moun ki koupab pou li pran yon avoka.
1. Se sèl mwayen pou gwo pinisyon lajistis la pa tonbe sou nou. Ou pran avoka pou plisyè rezon.
   a. Li te etidye Dwa. Se djòb li pou defann ou.
   b. Li pral rete san fwa pou l etidye kòz ou. Li pral chèche tout agiman pou li wete kòd lajistis la nan kou w.
   c. Li pap mamote. Okontrè, li pral pale ak odas paske li pran kòz ou a pou li.
2. Sonje ke pi bon avoka pou defann nou se Jezikri. 1Jan.2:1
   a. Li pa janm pèdi pwosè. Wom.8:1
   b. Li pran defans nou kont riz dyab la. Li pa kraponen devan Satan. Li bay nou pouvwa pou nou chase 'l pou nou pase l anba pye. Sòm. 91:13; Mak.16:17
   c. Kan nou gent tò, Jezi peye frè yo pou mete nou an libète. Jan.8:36
   d. Ak Jezi, nou pa menm bezwen prezante nan tribinal Bondye pou nou fè okenn deklarasyon. Li di depi nou kwè nan li, nou pap vini nan jijman, men nap pase de la mò a la vi. Jan.5:24
   e. Wete vye lide nan tèt nou ke yon kretyen pa gen dwa avoka. Jezi se avoka nou li ye. Ou pa kapab di m ou pi kretyen pase Jezikri. 1Jan.2:1
   f. Wete lide nan tèt nou ke yon kretyen pa kapab jij. Jezi se va jij odènye jou. 2Ko.5:10
   g. Wete lide nan tèt nou ke yon kretyen pa kapab militè. Jezi rele LETÈNÈL Dè ZAME. Eza.37:36 Li gen milisyen nan syèl la e li pa janm revoke yo. Eza.13:3 Sou tè sa, Bib la di ke sòlda yo se sèvitè Bondye yo ye pou byen nou. Konnen se pa pou fè enteresan yo pote za m. Wom.13:4

Pou fini
Rèspèkte Jezi. Rèspèkte lajistis.

Kesyon

1. Dapre leson saa ki jan de dwa ke Jezi konnen yon kretyen genyen?
   a. Li dwe rèspèkte pwensip
   b. Li gen dwa defann tèt li
2. Ki sa li konseye nou lè nou gen mezantant?
   Li konseye nou pou nou antann ak moun nan pou sa pa gen tan rive nan tribinal.
3. Eske Bondye kont tribinal? Non
4. Pouki sa? Paske li menm se yon jij, se yon avoka.
5. Eske li kont lame ? Non. Jezi se chèf lame
6. Ki sa li mande? Li vle ke la jistis la pou tout moun.
7. Ki sa chatiman sou tè a reprezante ? Avètisman pou nou gen tan ranje zafè nou pou nou evite dènye jijman an.
8. Eske se yon peche si ou pran yon avoka pou plede kòz ou ? Non

Leson 7 Ki konsekans sa genyen lè yon moun meprize lajistis

Tèks pou préparation an: Jé.17:16; Mat.27:5; Lik.19:9-10; 1Ko.5:5-11; 15:33; 1Ti.1:20; 2Ti.3:5-6; 1Pyè.3:18-20; Jid.23; Rev.3:8
Vèsè pou li nan klas la: 2Pyè.3:4-10
Vèsè pou resitasyon: Senyè a pa pran twop reta pou kenbe pwomès li yo, jan kèk moun kwè a. Okontrè, se pasyans lap pran ak ou, paske li pa ta renmen pèson peri, li ta vle pou tout moun tounen vin jwen li. 2Pyè.3:9
Fason pou fè leson an: Diskou, konparezon, kesyon
Bi leson an: Fè ensousyan yo pran konsyans de jijman kap tann yo.

Pou komanse
Meprize lajistis si w kapab, men ou pap janm kapab meprize kondanasyon an. Sa se yon avètisman pou moun ki pran relijyon tankou se yon rad pou proteje yo. Sa se moun ki pote non kretyen men yo pa sa vre.

I. An nou di kèk nan yo
1. Kretyen chanèl. Se pou kò yo sèlman yap travay. Se bagay la tè sèlman ki enterese yo. Pòl di « Yo refize pote kwa Kris la. Konsa yo mèt tann jijman yo. Yo deja pèdi. Fil.3:18-20
2. Kretyen arogan. Nou jwenn yo pami kretyen ki joure moun, ou byen ki nan bwè tafia. Yo di tout vye bagay nan bouch yo. Apre sa yo di w, « eskize m » epi yo retounen fè menm bagay la ankò. 1Ko.5:11
3. Kretyen ki nan banbòch.
   Yo pote non kretyen epi yo nan mari moun, nan madanm moun. Yo rantre kay fiy sanzatann pou fè kadejak sou yo. 2Ti.3:5-6
4. Kretyen ki wè nan lajan.
   Yo wè nan lajan twòp, jis yo fè betiz pou lajan. 1Ko.5:11
5. Kretyen ki vòlò.
   Yo konn ki jan pou èskamote lajan ki nan men w. Kan ou kenbe yo, yo mete dlo nan je, men yo refize renmèt ou kòb la.

Si w volè, fè tankou Zache, desann tèt ou, vin renmèt kòb la, epi mete sou li olye ou fè ekiz epi w gade lajan an. Si ou renmèt sa w te pran an, Jezi a fè w konpliman, la di: Ou resi konvèti vre, ou menm se yonn nan pitit Abraram yo.
Lik.19:9 ; Ga. 3:28-29

II. Ki sa la Bib di?

1. La Bib defann nou chita manje ak moun konsa. Yap mete repitasyon nou andanje. 1Ko.5:11; 15:33
2. Jid di pou nou pa menm bay yo lan men. Pou nou pa frote kò nou ak rad yo. Jid. 23
3. Sèlman si se Jida ou ye, pa ale pann tèt ou. Jezi di konsa : Pòt la gras la louvri toujou. Vini. Mat.27:5; Rev.3:8
4. Legliz dwe pou li fèm nan desizyon li pou radye yo, pou pa bay yo la sèn. 1Ko.5:5; 1Ti.1:20
5. Bondye ta di Jeremi : « Pa pèdi tan w priye pou yo. Mwen pap tande. Jé.7:16
   Sa vle di, yo déjà tou bon pou ale nan lanfè tankou enkredil yo nan tan Noye. 1Pyè.3:18-20

Pou fini

Sa w simen se sa w rekòlte. Mwen egzote w pou w simen selon lajistis, wa rekòlte amou ak padon.

Kesyon

1. Koman yo rele kretyen ki meprize lajistis? Kretyen ki pote non kretyen.
2. Di nou kèk nan yo :
   Moun ki wè twòp nan lajan, moun kap joure moun, tafyatè ak moun kap adore zidòl yo.
3. Ki sa la Bib òdonen pou nou fè ? Pou nou pa frekante yo.
4. Ki sa li mande pou yo fè ak yo nan komite legliz ?
   Pou wete yo nan lis mann legliz, pou pa bay yo la sèn
6. Ki sa Bondye di Jeremi de moun sa yo ?
   Pou Jeremi pa priye pou yo paske li pap tande.
6. Se vre ou se manti
   a. Bondye volè __ V ___ M
   b. Bondye renmen vòl __ V __ M
   c. Si yon frè fè yon vòl Legliz dwe eskize l pou sa __ V __M
   d. Piske Bondye se amou li dwe tolere vòlè. _V __ M
   e. Bondye gen mizerikòd, li pap pini adiltè a nèt ale. _ V _ M

Leson 8 Konparezon ant Lajistis pou pini moun ak pitye pou moun.

Tèks pou preparation: Pwo.26:4-5; 29:18; Mat.18:15-18; Lik.6:30; Wo.12:18; 1Ko.5:13; 6:1, 6-7; 1Ti.1:9-11

Vèsè pou li nan klas la: 1Ti.1:5-11

Vèsè pou resitasyon: Se pou nou sonje tou, yo pa mete la lwa pou moun kap aji byen. Lalwa se pou malveyan yo, pou moun kap fè rebèl, pou mechan yo, pou moun kap fè peche, pou moun ki pa gen rèspè ni pou Bondye, ni pou la relijyon, pou moun kap touye manman yo ak papa yo, pou asasen. 1Ti.1:9

Fason pou fè leson an: Diskou, konparezon kesyon

Bi leson an: Moutre nesesite ki genyen pou pini lenjistis.

Pou komanse

Eske yo dwe pini zak malonèt yon moun fè nan legliz ? Kote limit yo rive? Se la nou pral konsidere lajistis kòm sa dwa. Kont ki moun li pral aplike?

I. Kont fo-frè.
1. Moun nan vole yon bagay e li refize renmèt li.
2. Li rantre sou teren w e li refize retounen bòn yo nan plas yo. Olye li fè antann, li pito fè malveyan.
3. Frè a refize peye lwaye kay la, lap abize w paske ou kretyen, li di ou pa kapab mete l deyò. Paske li gen w jalouzi, lap fè w mechanste.
   a. Bib la rele yo volè, odasye, lach ak mechan. Limyè la verite a pa antre nan kè yo.
   b. Labib rele yo fo frè. Vòl la pa peche pou yo. Bib la di pa reponn a moun ki pran pòz fou li pou w pa sanble avèl. Li di tou reponn li selon foli li pou l pa kwè se yon bon bagay li tap fè. Pwo.26:4

   Sa vle di, si moun nan fè bagay la yon fwa, ou èskize l. Si li rekomanse, se pou w kanpe l poul pa pran sa pou yon abònman.

    c. Jezi di pou nou pa reklame byen nou nan men volè a. Pa kenbe tèt ak mechan an. Sa vle di : evite malantant. Kite sa nan men lapolis. Lik.6:30
2. Men lòt ka ankò
    a. Si yon moun fè w ditò, li pat fè espre, li dwe fè w eskiz. Si li pa vle, ou pran yon kretyen mete avè w pou nou antann nou. Si li refize, ou pote sa devan komite disiplin legliz. Moun nan disiplin pa fèt pou gen patipri. Yo dwe gen sajès pou rezoud pwoblèm nan. Si malgre tout sa ou fè, sa pa mache, ou pa kapab gade moun nan je. Wom.12:18 Bib la di : Kan pa gen moun pou ouvri zye lòt yo, pèp la pèdi fren.Pwo.29:18
    b. Si frè ki anfòt la nye konpetans legliz, li pa vle fè antant, sa pa vle di ke pa gen otorite pou fè l tande. Leta pral foure bouch nan koze a.
    c. Piske frè konpòte l tankou payen, li pral devan yon jij payen, devan yon tribinal payen. Mat.18:15-18
    Si tout peyi a se sèl kretyen ki te genyen, eske ou tap dakò pou retire biro Polis ak tribinal pou kriminèl yo fè sa yo vle? Se sa ki fè Etazini se yon gwo peyi kretyen. Pi fò jij, avoja ak Polis nan peyi a se kretyen yo ye pou aplike jistis dapre la Bib.
    Anpil kretyen abise frè yo, yo fè yo lenjistis paske yo kwè ke kretyen ou ye, ou dwe sipote yo. Ak panse saa, yo bliye ke Dwa yo fini kote pa yon lòt komanse.
    Pinga legliz konfonn pèsekisyon relijyèz ak vagabondaj. Pa gen tolerans pou vagabondaj.
    Bib la di : se pou nou retire mechan an nan mitan nou. 1Ko.5:13

Pou fini

Menm kouraj nou gen pou defann zafè nou nan tribinal, se pou nou gen menm kouraj la tou pou defann zafè Bondye. David a gen wont pou nou kan Goliat konnen li kap fè sal vle, paske pa gen pèson ki kap manyen l.

Kesyon

1. Ki pozisyon nou devan lenjistis?
   a. Nou dwe evite chòk.
   b. Gen Polis, gen biro pou okipe sa

2. Eske nou dwe tolere abi yon fo frè ap fè? Non

3. Pouki nou rele yo nan biro? Paske yo pa gen tande kant se legliz ki pale yo

4. Ki sa nou dwe fè kant se pa espre moun nan fè
   Li dwe fè eskiz e dedomaje moun nan li fè tò.

5. Ki sa nou dwe fè ak moun rebèl yo ?
   Pou rele yo la jistis tankou Jezi di l

6. Ki wòl moun la jistis sa yo
   a. Jij? Li la pou l mete rezon an kote l dwe pou ye.
   b. Avoka? Li la pou defann moun ki an kòz.
   c. Lapolis? Li la pou mete lòd ak aplike jistis

7. Eske moun sa yo fèt pou yo pa kretyen ? Lajistis se yon bagay ki moral, li fèt pou aplike pa moun ki moral.

Leson 9 LaBib ak ka flangrandele

Tèks pou préparation an: Lé.5:1; Pr.3:26; Mt.5:38-42; 18:15-17; Lu.22:36-38; Jan.2:15; Ro.13:4; 2Co.10:4; Sòm23:3; 46:11; 125:3; Ga.6:1; Ep.2:8

Vèsè pou li nan klas la : Pr.3:21-26

Vèsè pou resitasyon: Frè m yo, si nou bare yon moun ap fè yon bagay ki mal, nou menm ki gen Lespri Bondye a nan kè nou, se pou nou mete l nan bon chemen. Men fè sa ak dousè. Epi, nou menm bò pa nou, veye kò nou pou nou pa tonbe nan tantasyon. Ga.6:1

Fason pou fè leson an: Konparezon discussion, kesyon

Bi leson an: Moutre ke fòs ponyèt pa dwe pase sou dwe moun.

Pou komanse

Flangrandele menm? Kote mo sa soti nan Liv Lajistis la pou l chita nan Lekòl di Dimanch? Nap konnen sa pita. An atandan, nap bay li yon definisyon. Ou menm degaje w tire leson pa w.

I. Sa flangandele vle di

Flangandele se yon zak ou kenbe moun nan ap komèt ou byen li fèk finn komèt. Ga.6:1

1. Se ka yon moun ki sot fè yon zak malonèt pou jete twoub nan sosyete a.
2. Lè yo kenbe moun nan sil chan, li toujou vle toufe èskandal la.
3. Li menm konn vle touye moun ou menm touye tèt li pou li pa avili.

II. Annou wè ki sa nou kap fè nan sa.

1. Si ou ta kenbe yon moun an flangandele, rou menm ki gen bon sans kretyen w sou rou, se pou w bat pou w egzote l ak dousè pou l pa farouche. Bat pou ou menm pa tonbe nan menm gagòt la tou. Ga.6:1
2. Ou dwe promèt pou w gade sa sekrè pou li. Mat.18:7
3. Ou dwe fèl konprann ke w te kapab nan menm ka sa tou si se pat gras Bondye. Bay Bondye glwa si li arive konprann. Ga.6:1; Ef.2:8

4. Si li pa vle koopere, ou pa oblije gade sekrè pou li. Si ou fè sa, ou koupab kòm reselè ou sitirèz. Lé.5:1 Nan ka saa, ou dwe suiv sa Jezi di nan ka rekonsiliasyon an.
Mat.18:15-17; Gal.6:1

III. Nap bay ou de egzanp:
1. Men yon moun ki kase auto w nan pakinn nan pandan wap la priyè nan legliz la.
2. Ou byen yon brigan ki vin trouble sèvis nan legliz. Pa gen moun li vle tande paske li konnen kretyen yo se moun kapon. Fòk nou fè l rete trankil. Jan.2:15
   Konnen byen ke si yon moun ap trouble sèvis nan lye moun adore, li trouble la pè piblik. Li merite pou yo kontwole li ak la fòs piblik. E se yon bagay ki obligatwa. Wom.13:4
   Jiske la, fòk nou pa bliye ke sa Legliz deside sou la tè, Jezi ratifye l nan syèl la. Legliz se madanm Jezi ; li kap pran nenpòt desizyon e Sentespri a ap dakò avè l. Mat. 18:18

Pou fini
Nan ka flangandele, tout moun se polis. Lajistis pat janm kont mizerikòd, men yo chak gen lè yo pou yo aplike. Konsa, se pou nou saj.

Kesyon
1. Ki sa flangandele vle di ?
   Ou kenbe moun nan sil chan, la men danlesak.
   a. Moun nan sòt fè yon zak malonèt ki trouble lapè piblik.

2. Ki sa moun nan yo kenbe w ka fè ?
   a. Li kap vle kache eskandal la pou l pa avili
   b. Li kap vle touye moun ki konnen koze a, ou byen pwòp tèt li

3. Koman yon moun ki temwen kap abòde kesyon saa ?
   a. Li kap egzote l ak douse pou pa farouche l.
   b. Li kap pa akable moun nan ki an fòt la
   c. Li kap pwomèt pou gade kose saa sekrè.

4. Ki sa pou w fè si koupab la fè bandi ?
   a. Lè sa ou pa oblije gade sekrè pou li.
   b. Ou dwe chèche moun ki saj pou pale avèl pou fèl tande rezon.

5. Ki sa pou w fè ak yon brigan ki vin vole legliz la ou byen ki vin trouble legliz la ?
   a. Fòk nou esaye kontwole l.
   b. Si l refize, nou dwe rele polis.

6. Ki moun ki dwe gen dènye mo? Jezikri.

7. Se vre ou se manti
   a. Legliz dwe kite bandi a fè sa l vle. __ V __ M
   b. Legliz dwe rete ap priye e kite asasen an touye moun li vle nan legliz la. V __ M
   c. Leglis dwe eseye kontwole bandi a e rele polis __V__ M
   d. Kretyen pa fèt pou ale nan biro. __V __ M

Leson 10 Ki sa LaBib di nan ka lejitim defans

Tèks pou préparasyon an: Sòm. 46:11; Pwo.3:21-26; 2S.5:17-25; Mat.5:38-42; Lik.22:36; 2Ko.10:4
Vèsè pou li nan klas la: Pwo.3:21-26
Vèsè pou resitasyon: Ou pap bezwen pè, malè pap rete konsa pou l tonbe sou tèt ou. Ni tou sa ki rive mechan yo pap rive ou, paske Senyè a ki tout espwa ou, Li pap kite ou pran nan pèlen. Pwo. 3:25-26
Fason pou fè leson an: Diskisyon, konparezon kesyon
Bi leson an: Moutre kretyen yo ke yo dwe pare pou tout sa ki kap vini sanzatann.

Pou komanse
Defans se yon dwa sakre. Menm Leta dakò ak sa.

Ki sa lejitim defans la ye?
Se tout sa ou kap fè pou proteje vi w ou vi yon moun nan ka kote moun mete vi lòt moun an danje.

I. An nou pran yon egzanp nan Bib la.
Menm jou yap sakre David wa nan peyi Izrayèl, filisten yo vin bay li yon kout sezi pou atake l. 2S.5:17
La menm, li rantre nan kazèn nan, li mete rad militè l sou li, epi li priye. Se konsa li abòde pwoblèn nan, e Bondye bay li viktwa. 2S.5:20, 25

II. Ki sa Pwensip Dwa di :
Si yon moun vin atake w sanzatann, la Lwa mande pou w defann vi ou. Menm si ou blese moun nan, ou te touye moun nan pou defann ou, la Lwa mete w òdekòz. Si w rete kite moun nan toufe w ak kou, Bondye ap kondanen w pou lach. Se pou w konnen ke Letènèl chèf lame yo avè w.

III. Gen bagay pou w pa troke :
Fòk ou pa konfonn lejitim defans ak yon eta de fè. Kan Jezi di : « Si yon moun bay ou yon kalòt nan yon bò figi, bay li lòt

bò machwè a ; Si yon moun pran chemiz ou pa anpeche l pran chemizèt la ; Si yo mande w pote cha y nan yon kilomèt, fè 2 kilomèt. Mat.5:38-42
Isit se te yon eta de fè. Peyi Palèstin nan te anba Okipasyon Women yo. Nenpòt Women te kap mande yon Jwif pou pote cha y li nan yon distans de yon kilomèt. Pou yo konnen yo pa depase distans saa, jwif yo plante pikèt de yon kilomèt a yon kilomèt toutpatou pou moun pa fè yo abi. Nan ka saa, revòlte pat kapab ede yo. Yo ta dwe pito pran konsyans pou fè yon revolisyon.
Ou pa kapab pale isit la de pwensip lejitim defans paske te gen yon pwoblèm avan. Se sa nou rele yon eta de fè.

IV. An nou fè lòt konsiderasyon.
Kan Jezi mande apòt you pou ale patou le monn, li te mande yo pou yo tout pote nepe yo. Lik.22:36 Eske yo pra l sèvi ak li pou fè la gè ? Non. Sete yon fason pou kranponen moun ki ta vin atake yo. Se la nou kap pale de lejitim defans. Lik.22:36-38

V. Koman yon kretyen kapab defann tèt li.
1. Fòk nou sonje ke za m kretyen yo pa chanèl. Men yo tèlman pisan ke Satan pa kapab venk yo. 2Ko.10:4; Ef.6:10-18. Pouki sa?

   a. Paske Bondye pap mete nou nan sityasyon ki pou konpwomèt repitasyion l. Sòm.23:3; 125:3

   b. Li konn ki jan pou defann nou e pou defann non pa l'. Sòm46:11

Pou fini
Pa bliye ke si w priye, Bondye ap gade w lè w soti ak lè ou antre. Gras li ak bonè ap akonpanye tout tan. Fè Bondye konfyans.

Kesyon

1. Ki sa lejitim defans la vle di «Tout mwayen nou deploye pou protej vi ak byen nou.»
   Ki sa nou sonje David te fè nan yon ka de lejitim defans.
   a. Li pare l pou l goumen.
   b. Li rele Bondye
   c. Li konsilte Letènèl

2. Eske w dwe chèche mwayen pou kontwole bandi a ? Wi.

3. Ki sa Lwa Women te di pou Jwif yo ki anba lokipasyon ? Obeyi kolon an nan tou sa lap di.

4. Ki sa ki pat kapab reyisi ? Yon grèv

5. Ki sa yo te dwe panse a li pito ? Yon revolisyon

6. Pouki Jezi te mande pou apòt yo te gen yon nepe ?

7. Pou dekouraje moun ki ta vle vin atake yo.

8. Ki pi bon zam kretyen yo gen pou yo defann yo? Zam èspirityèl

9. Pouki sa? Paske Bondye yo ap konbat pou yo.

10. Ki sa nou dwe pou nou fè? Lage nou nan lapriyè.

Leson 11 Lajistis ak lafòs

Tèks pou préparation: Egz.14:19-20; Sòm.34:8; 89:8; Eza.9:5; 37:36; Mat.5:25; Jan.2:13-16; 3:18; Tra.5:1-10; Wom. 13:1-7; 2Ko.5:10; Ga.6:6; Fil..4:22; 1Ti.1: 20; Ebre.12: 29; Rev.21:8
Vèsè pou li nan klas la: Wom.13:1-7
Vèsè pou resitasyon: Aaa ! Se yon bagay terib wi, pou yon moun tonbe anba men Bondye vivan an ! Ebre.10:31
Fason pou fè leson an: Diskisyon, konparezon, kesyon
Bi leson an: Moutre ke Bon konn ankadre moun li ak la fòs ak lajistis.

Pou komanse
Lajistis san lafòs pa vo anyen. Lafòs san jistis se zafè gwo ponyèt. Se Paskal ki te di sa. Koman mete de bagay sa yo ansanm ?

I. Men wòl lafòs devan lajistis.
1. Fòk lafòs ka la pou apiye lajistis kan gen moun kap fè louijanbroje. Jezi di sa byen : Fè yon antant ak lòt pati a. Si ou gen malè ou kite sa rive devan jij, si w pèdi, ou pral peye sa w pa posede Se ak lafòs yap aplike lajistis sou rou. Mat.5:25
Pa gen moun ki gen dwa fè jistis pou tèt li. Gen moun ki plase pou sa. Wom.13:4
David resevwa konpliman paske li te touye 10,000 moun nan lagè. Se yon kòz li tap defann. Poutan Bondye pini l pou yon sèl Urie li te touye paske se zafè pal li tap defann. 2S.12:9-12
2. Tribinal yo rekonèt otorite legliz pou regle pwoblèm mezantant nan ti bagay prive. Kretyen ki chanèl fè tankou yo pa konprann sa paske Legliz preche la jistis men li pa gen lafòs. Yo fè erè!
Gade reyaksyon Jezi devan moun ki tap fè komès andan tanp la. Li pa ezite yon minit pou l te rouze yo anba makak. Yo pat kapab konprann ke li menm ki gen mizerikòd gen pou l tounen yon Dife tout Limen pou devore yo.
Jan.2:13-16; Ebre.12: 29

II. An nou fè yon remak byen dwòl:

1. Bib la pa janm anpeche yon kretyen anwole nan lame. David te yon chef lame.

2. Pòl ekri yon lèt a kretyen nan legliz peyi Filip la e li mande pou yo salye tout sen yo èspesyalman sila yo ki detèktif nan palè waa. Ki jan yon wa mechan ta pran kretyen pou siveye vi li san kretyen sa yo pa konpwomèt fwa kretyen nan Satan? Fil.4:22 Al mande a kolonèl William Booth, ki te fonde relijyon Lame Di Sali, la va di w.

3. Jezi li menm se Lanj de Letènèl ak gwo zam li nan men li pou delivre nou lè nou nan danje. Li èstraodinè. Jij.13:18; Eza.9:5 Men li tèrib tou nan mitan sen yo. Sòm.34:8; 89:8

4. Yo rele l Letènèl de lame yo.
    a. Pou bay nou chak pozisyon nou lè nou pral nan batay. Egz.14:19
    b. Pou fè plan batay pou nou. Egz.14:20
    c. Pou pwoteje nou ak pitit nou yo. Sòm34:8
    d. Pou detwi lènmi nou yo. Es.37:36

5. Ou pa kapab pase otorite l nan betiz. Gal.6:7
    a. Ananyas ak madanm li Safira pèdi la vi yo mal lè yo te kwè yo te kapab bay le Sentespri manti. Tra. 5 :1-5
    b. Imene ak Aleksann ke Apòt te radye legliz la pou yo aprann sispann pale Bondye mal. 1Ti.1:20

6. Sonje byen ke, menm Jezi a ke nou konnen ki toujou gen konpasyon pou moun nan, se li menm menm ki pral chita nan tribinal la pou jije lezòm nan jou jijman an. 2Ko.5:10 Li pap sansib pou l voye w al boule nan dife lanfè. Lè sa ou pral nan toumant tout la jounen, tout lan nwit ak Satan le Dyab. Rev.21:8
Wi, nou di w sa : Jezi ki plen ak lanmou an, li menm tou se yon dife ki kap detwi w. Ebre.12:29

Pou fini
Si za m nou yo pa zam la chè, ke pèson pa pete tèt yo pou kwè ke kretyen se mouton san gadò. Eseye si w vle, wap wè tout swit kote Letènèl kanpe pou pran defans yo. Pou ou menm zanmi, bat pou w toujou nan kan Letènèl.

Kesyon

1. Ki moun ki te di: «Lajistis san fòs pou kore l pa gen okenn pisans.» ? Paskal

2. Ki sa Jezi di nou pou nou fè avan nou itilize fòs ? Bat pou w antann ak advèsè a.

3. Ki sa pou w fè si moun nan pa vle koute konsèy ? Pran l tankou yon moun enkonvèti

4. Eske yon kretyen ki nan lame pral nan syèl? Wi. David te chèf lame ni Jezi se te chef lame.

5. Ki moun ki te fonde relijyon Lame Di Sali ? Kolonèl William Bout.

6. Ki djòb Jezi kòm militè ?
   a. Li la pou proteje nou
   b. Li la pou l pran batay nou kont lèdmi nanm nou.

7. Ki moun nou konnen ki te viktim paske yo tap bay Bondye manti? Ananyas ak Safira.

8. Pouki Pòl te radye nan legliz la Imene ak Aleksann ?
   Pou yo te sispann pale Bondye mal.

Leson 12 Leson èspesyal pou fèt nan fanmy yo

Tèks pou preparasyon: Pwo.4:20-27; 1Ko.14:33;
Vèsè pou li nan klas la: Pwo.4:20-27
Vèsè pou resitasyon: Bay yon ti moun pwensip li dwe swiv. Jouk li mouri, li pap janm bliye l. Pwo.22:6
Fason pou fè leson an: Diskisyon, kesyon
Bi leson an: Aprann ti moun nou yo pou yo gen disiplin.

Pou komanse
Sa fè wont pou nou di ke anpil tèt chaje moun yo konn genyen nan fanmy yo soti nan yon mank disiplin. Jodia, nou vini ak yon bon gid pou ede tout moun nan fanmy an. Men konsèy nou gen pou rou.

I. Ou dwe gen yon ti bwat pou fanmy an kote ou konsève papye sa yo:
1. Fè 2 fotokopi pou dokiman sa yo:
   a. Batistè papa, manman, pitit.
   b. Ak maryaj la
   c. Nimewo katdidantite ou sosyal sekirite ak Lisans chofè w.

N.b. Ou dwe pou mete yon sèl kote tout dokiman imigrasyon ou yo ki deklare konbyen fwa ou voyaje. (Paspò, kat residans, papye sitizen ou)

Sonje ke wap bezwen dokiman sa yo pou idantifye w nan imigrasyon ou byen lè ou pral aplike pou travay.

II. Ou bezwen genyen yon regis pou dokiman pèsonèl ou.
1. Enfòmasyon sou ansyen bòs ou ak non konpayi ou tap travay la. Adrès, telefòn, jou ou te antre nan travay la ak jou ou te kite. Rezon ki fè w te kite ou byen ke yo te revoke w. Lèt demisyon w ou byen revokasyon w.
2. Enfòmasyon sou nouvo bòs la, non konpayi an, adrès ak telefòn li, dat ou antre nan djòb la. Ou fè fotokopi yo e ou mete yo nan yon kazye èspesyal.

Ou pral bezwen enfòmasyon sa yo :
  a. Pou aplike nan lòt travay
  b. Pou etabli ti bijè ou
  c. Pou sèvis ou gen dwa bezwen nan biro gouvèman yo.
3. Yon dosye pou fè w sonje
  a. Mak machin ou, modèl li, ane ak plak machin nan.
  b. Nan ki dat pou peye :
4. Lwaye ou byen potèk (mortgage) enpo likatif (property tax).
  a. Date pou w peye machin ou
  b. Dat pou peye asirans kay, oto, vi ak sante. Dat pou w peye dlo, kouran ak telefòn.
  c. Dat pou chanje kawotchou yo pozisyon chak 6 mwa, dat pou chaje luil machin ou chak 3 mwa pou w sa proteje l.
  d. Konsève nan bous ou nimewo konpayi asirans ou pou tout ka enprevi.
  e. Gen nan bous ou yon kat de ki gwoup san ou ye.

III. Men prekosyon nan ka ijan.
Fè yon kopi kle kay ou ak oto w pou w mete yon kote sizoka ou ta fèmen yo sanzatann e ou pa gen lòt fason pou w antre.

IV. Genyen yon kote ou mete nimewo konbinezon pou penti kay ou paske koulè yo konn pre men yo pa menm. Gen mezi soulye ak rad moun kay ou. Konsève yon bwat ki gen resi pou depans ou yo. Wap bezwen li pou bidjè w ak ranpli taks ou.

V. Konsève papye garanti yo nan yon kite a pa.
Si ou gen entènèt fè yon fichye pou mete yo.
Tou sa nou di w la, li bon ni pou rou ni pou mwen. An nou fè l ansanm.
Ak sa ou va enstri ti moun ou yo selon disiplin yo dwe suiv. Pwo.22:6

Kesyon

1. Ki sa oganizasyon ka fè pou rou ?
   Li evite w tèt chaje.
2. Pouki nou konsève dokiman imigrasyon ?
   Pou nou ranpli aplikasyon yo san grate tèt.
3. Pouki nou konsève resi yo ?
   Pou prepare bidjè, pou evite gaspiyaj e tou pou prèv.
4. Pouki nou konsève papye garanti yo ?
   Pou sizoka ou gen pou fè reklamasyon
5. Pouki fotokopi yo ?
   Pou evite tèt chaje.
6. Pouki mete dokiman yo nan entènèt ?
   Pou touve yo nenpòt lè ou bezwen yo.

N.B. Men de (2) sijesyon pou leson saa :
1. Diskite yon pati nan okazyon fèt manman, yon lòt pati nan okazyon fèt papa ou byen tou senpleman nan de okzyon diferan si w ou pa fete fèt sa yo.
2. Depatman Lekòl dimanch kapab prepare feyè ak èspas vid pou ranpli. Chak moun a make sa yo fè déjà e yo va bat pou yo degaje yo pou fè rès la.
3. Men yon egzanp nou bay ou. Wa mete ladan sa ou jije nesesè.

Men yon egzanp pou chak fanmy

I. Pou chak fanmy
1. Non _____Adrès
_____
Dat nesans_____
Téléfòn_____k maryaj_ Kote maryaj la te fèt
_____
Ane maryaj la___   date marya j la _____
2. Nimewo lisans ou _____
   Nimewo Sosyal ou _____
a. Nimewo paspò w: _____
b. Dat pou renouvle l _____
3. Kat rezidans ou: _____
Dat pou renouvle l _____
4. Deklarayson sitizen ou: numéro_____

• Fotokopi pou

II. Dokiman pesonèl
   1. Enfòsyon sou ansyen bòs ou.
      a. Adrès_____
      b. Telefòn _____
      c. Dat ou te pran djòb la_____Dat ou kite
      d. _____
      e. Kopi lèt travay ou _____
      f. Rezon ou kite ou byen ou te revoke
_____
5. Enfòmasyon sou nouvo bòs ou
a. Non konpayi an _____
b. Adrès konpayi an_____
c. Téléfon konpayi an_____
d. Lèt travay la_____

• Fotokopi obligatwa

III. Yon dosye pou w sonje
1. Oto w _____ mak oto w____ ki modèl ___
   Ki lane __ ki Nimewo plak machin nan____
2. Dat pou w fè sèvis la dan
3. Mortgage ou potèk_____
4. Taks sou kay la___Fèmaj ___
5. Asirans kay la_____
6. Asiran pou inondasyon __ Pou dife ___
7. Peyman sou ___oto an__sou __dlo___
   sou kouran____ sou telefòn _____
8. Dat pou chanje karotchou yo plas
9. Dat pou chanje luil__motè_____ transmisyon
   a. Nòt èspesyal nan bous ou.
      Enfomasyon sou konpayi asirans ou.
   b. Tip de san ou _____
   c. Moun pou w rele si ou gen ka ijans.

IV. Prekosyon si w gen ijans
1. Kopi kle kay___ kle oto _____
2. Nimewo konbinezon pou penti kay ou_____
   _____ _____ _____ _____
3. Mezi rad ___ mezi soulye ___
4. Yon bwat ki gen 2 tiwa
   Yonn pou mete resi depans ou fè chak jou __
   Yonn pou mete gwo depans yo__.
5. Mete nan entènet tout dokiman enpòtan yo__ teleka resi de garanti yo, dosye fanmy la_

Révisyon vèsè yo pou trimès la

Leson 1
Paske, nou tout nou gen pou n konparèt devant Kris la pou li ka jije nou. Lè saa, chak moun va resevwa sa ki pou li dapre byen osinon dapre mal li te fè antan l te nan kò a. 2Ko.5:10

Leson 2
Men, Bondye fèmen je l sou tout tant sa yo moun pase nan linyorans. Kounyeya, li rele yo tout, kote yo ye, pou yo tounen vin jwenn li. Se konsa tou, li fikse yon jou lè li gen pou l jije tout moun san patipri. Tra.17:30-31a.

Leson 3
La jistis, une disposition inflEgzible
Piga nou gen lòt Bondye pase mwen menm sèlman. Egz.20:3

Leson 4
Tou sa nou ta vle lòt moun fè pou nou, nou menm tou fè l pou yo. Se sa la lwa Moyiz la ak liv pwofèt yo mande nou fè. Mat.7:12

Leson 5
Kounyeya pa gen diferans ant moun ki jwif ak moun ki pa jwif ; pa gen diferans ant moun ki esklav ak moun ki pa esklav, ant fanm ak gason. Nou tout nou fè yonn nan Jezikri. Ga.3:28

Leson 6
Si yon moun pote plent pou ou nan tribinal, prese mete ou dakò avè l antan nou prale ansanm nan tribinal la, pou li pa lage w nan men jij la, pou jij la pa lage ou nan men lapolis, pou yo pa mete ou nan prizon. Mat.5:25

Leson 7
Senyè a pa pran twop reta pou kenbe pwmès li yo, jan kèk moun kwè a. Okontrè, se pasyans lap pran ka ou, paske li pa ta renmen pèson peri, li ta vle pou tout moun tounen vin jwen li. 2Pyè.3:9

Leson 8
Se pou nou sonje tou, yo pa mete la lwa pou moun kap aji byen. Lalwa se pou malveyan yo , pou moun kap fè rebèl, pou mechan yo, pou moun kap fè peche, pou moun ki pa gen rèspè ni pou Bondye, ni pou la relijyon, pou moun kap touye manman yo ak papa yo, pou asasen, pou moun kap fè imoralite, pou moun ki gen vye mès gason ak gason, fanm ak fanm, pou moun kap vann èsklav, pou moun kap bay manti, kap fè sèman pou twonpe moun. 1Ti.1:9-10

Leson 9
Frè m yo, si nou bare yon moun ap fè yon bagay ki mal, nou menm ki gen Lespri Bondye a nan kè nou, se pou nou mete l nan bon chemen. Men fè sa ak dousè. Epi, nou menm bò pa nou, veye kò nou pou nou pa tonbe nan tantasyon. Ga.6:1

Leson 10
Ou pap bezwen pè, malè pap rete konsa pou l tonbe sou tèt ou. Ni tou sa ki rive mechan yo pap rive ou, paske Senyè a ki tout espwa ou , Li pap kite ou pran nan pèlen. Pwo. 3 :25-26

Leson 11
Aaa ! se yon bagay tib wi, pou yon moun tonbe anba
men Bondye vivan an ! Ebre.10:31

Leson 12
Bay yon ti moun pwensip li dwe swiv. Jouk li mouri, li pap janm bliye l. Pwo.22:6

Dife Tout Limen

Dife 9 Seri 3

Reskonsablite yon kretyen

Avangou

Ou pa kapab pale de Reskonsablite kretyen san ou pa pale de Bondye ki mèt planèt la. Li te bay Adan reskonsablite pou l plante, poul fè anpil jaden e pou l dirije tout sa kap fèt sou tè saa. Men rapò li ak Bondye, se te dabò you rapò èspirityèl. Li pa tap kapab travay tout la tè saa si li pat gen yon relasyon kole kole ak Bondye. Konsa reskonsablite Lòm an te komanse depi nan jaden Eden nan, nan papa ki te la pou bay nou legzanp. Si se konsa ou konprann li tou, nou santi nou klè avè w sou kesyon saa, e konsyans nou tou ap san repròch.

Pastè Renaut Pierre-Louis

Leson 1 Lide de reskonsablite yon kretyen nan Ansyen Tèstaman

Vèsè pou preparasyon: Jen.4:1-10; 24:3-7; Le. 26:14-17; De.6: 6-9; Jij. 2:10,13-14; 2 Ko.6:14-17
Vèsè pou nou li nan klas la: De.6:6-9
Vèsè pou resitasyon: Senyè a, Bondye a pran nonm lan, li mete l nan jaden Eden lan pou l travay li, pou l pran swen l. Jen.2:15
Fason pou fè leson an: istwa, konparezon, kesyon
Bi leson an: Prezante reskonsablite yon kretyen tankou yon moniman ki gen yon fondasyon èspirityèl.

Pou komanse
Eske nou ta dwa repwoche Bondye pou movèz kondit pitit nou? Eske nou pa kapab wè bagay yo yon lòt jan? An nou wè ki sa Bondye te rekomande.

I. Obligasyon Adan kòm papa.
1. Li te dwe enstwi ti moun li nan fason pou adore Bondye.
    a. Kayen ak Abèl te de pitit li ki te aprann nan kildefanmy an koman onore Bondye ak fri travay yo. Jen.4:2-5
    b. Bondye gade jeran an avan li voye je sou ofrann li pote a. Lè li gade Abèl, li wè misye te yon nonm serye. Men lè li gade Kayen, nan je l li te déjà wè se te yon mechan.
    c. Se poutèt sa li aksepte ofrann Abèl la. Men li refize ofrann Kayen an. Jen.4:3-5

II. Obligasyon Gran Paran yo nan tan lontan
Yo te gen pou mentni adorasyon a Bondye sèlman nan fanmy an.
Nou wè Abraram ki te fè segretè li fè sèman sou vi l pou l ale nan Mezopotami al chèche yon madanm pou pitit li Izarak. Jen.24:3-7
Men pouki tout demach saa? Se paske, si li te marye pitit gason l ak yon payen, se te komsi li te chite. 2Ko.6:14-17

III. Obligasyon pitit Izrayèl yo pou yo te mentni menm kil saa.

Yo te gen pou obsève Lwa a e gade l tankou yon eritaj sakre pou yo te kite pou pitit yo. De. 6:6-9

1. Yo dwe fè kildefanmy ak yo. V.7

2. Yo dwe li lwa a lè yo nan vwayaj,

3. Yo dwe ekri l sou pòt kay yo, ak sou lento pot yo. De.6:6-9
   a. Lwa sa dwe dominen panse yo ak aksyon yo. Se sa zafè de sinn sou fontenn yo ak sou men yo vle di. V.8
   b. Nenpòt ti neglijans yo ta fè sou bagay saa tap kòz malediksyon tonbe sou yo ak pitit yo. Le.26:14-17
   c. Lè LaBib te di konsa : « jenerasyon sila pat konn Letènèl, » se te yon repwòch sa te ye. Yo te move jeran de reskonsablite pou nanm yo. Jij.2:10,13-14

Pou fini

Sonje ke se Bondye ki pwopyetè. Nou menm se jeran. An nou rèspèkte pwensip yo li bay nou.

Kesyon

1. Ki te reskonsablite Adan devan pitit li yo? Elve yo selon volonte Bondye.
2. Ki jan Abraram te pran reskonsablite sa? Li te vle dezenvite fanmy l ak tout asosyasyon ak moun ki pa konn Bondye.
3. Ki reskonsablite pitit Izrayèl yo te genyen?
   Enstri piti yo nan Lalwa pou l rete pou yo tankou yon eritaj sakre.
4. Ki pinisyon Bondye te bay yo pou move fason yo te jere reskonsablite saa? Bondye te bandonen yo
5. Ki sa sinn sou men yo vle di?
   Se pou Lalwa a dominen tout aksyon yo
6. Ki sa sinn sou fontenn yo vle di?
   Se pou Lalwa a dominen tout panse yo.

Leson 2 Lide de reskonsablite yon kretyen nan kay li

Vèsè pou preparasyon: Pwo.14:34; 22:6; Mat18:20; Tra.10:24;16:31; Lik.16:31; Ef.6:2; 5:19; 1Ti.5:8
Vèsè pou nou li nan klas la: Ef.6:1-4
Vèsè pou resitasyon: Si yon moun pa pran swen fanmi l sitou moun kap viv la kay li, li nye konfyans li nan Bondye, li pi mal pase yon moun ki pa janm kwè nan Bondye. 1Ti.5:8
Fason pou fè leson an: Istwa, konparezon, kesyon
Bi leson an: Ensiste sou enpòtans reskonsablite yon kretyen nan fanmy li.

Pou komanse
Bondye pa janm wè lòm tankou yon moun ki dwe viv pou kont li. Se pou rezon sa li mete l nan mitan yon fanmi.

I. An nou wè reskonsablite yon kretyen nan fanmy l
1. Si yon moun pa pran swen fanmy l e sitou de moun kap viv lakay li, li menm se yon moun ki an chit, e li pi mal pase yon payen. 1Ti.5:8
   Men ki sa swen fanmy an vle di:
   a. Pou pati materyèl la:
      Ou dwe bay rad, bay li manje, proteje l sitou lè lap gran moun. Bib la di se pou nou onore papa nou ak manman nou. Ef.6:2
   b. Pati moral la :
      Ou dwe enstri ti moun yo, bay yo bon elevasyon pou yo kapab viv nan la sosyete. Pwo.22:6
   c. Reskonsablite èspirityèl la:
      Ou dwe fè kildefanmiy ak yo chak jou pou atire benediksyon Bondye sou yo. Ef.5:19

Ou dwe bay fanmy ou levanjil, kit yo nan kay la, kit yo pa nan kay la, pou mentni ak yo yon relasyon èspirityèl. Se sa Pòl te di a majò prizon an nan peyi Filip. Tra.16:31 Kaptenn Kòney menn te si byen konprann sa, li envite tout fanmy l ak tout zanmi l pou asiste konvèsyon l. Tra.10:24

Jezi ankouraje devosyon nan fanmiy an. Li di « kan de ou twa moun mete tèt yo ansanm nan non mwen, map la nan mitan yo ». Mat.18:20

II. An nou wè avantaj ki gen kan nou pran reskonsablite nou kòm kretyen.
1. Li pèmèt nou gen ti moun byen elve. Pwo. 22:6
2. Li fè fanmiy an rete ansanm. Ti moun yo obeyi pi fasil lè yo fèk finn priye nan fanmiy an.
3. Pa gen anpil divòs nan fanmiy kote moun priye ansanm.
4. Nou ka èspere gen de bon sitwayen pou peyi a. «Lè gen jistis nan yon peyi, sa leve peyi a». Pwo.14:34

Pou fini
Mete Bib la nan mitan fanmiy an, konsa Bondye va nan mitan fanmiy an e nan mitan avni li tou.

Kesyon
1. Ki devwa nou anvè paran nou yo?
   a. Pran swen kò yo ak nanm yo devan Bondye
   b. Preche yo pou mennen yo a Kris.

2. Ki devwa nou anvè ti moun yo ?
   Bay yo enstriyson, bay yo ledikasyon, Elve yo nan Levanjil Bondye.

3. Eske se yon desizyon nou kap jwe avè l? Non, li obligatwa

4. Pouki sa? Paske nou gen kont pou rann Bondye.

5. Ki avantaj genyen nan mitan fanmiy an kan nou pran reskonsablite nou kòm kretyen?
   Nou gen la pè nan kay la, la jistis nan peyi a ak mwens divòs nan mitan nou.

Leson 3 Reskonsablite yon kretyen nan zafè Bondye

Vèsè pou preparasyon: 1S.8:4-7;Lik.2:49; 4:18-19; 16:1-12; Tra.1:8; 2:41
Vèsè pou nou li nan klas la: Lik.16:1-12
Vèsè pou resitasyon: Tande byen, se pa yon lwanj pou mwen deske map anonse bòn nouvèl la. Sa se yon obligasyon yo fè mwen. Malè pou mwen si m pa anonse bòn nouvèl la. 1Ko.9:16
Fason pou fè leson an: Istwa, konparezon, kesyon
Bi leson an: Prezante reskonsablite yon kretyen tankou yon kontra ou siyen ak Bondye.

Pou komanse
Reskonsablite yon kretyen se yon obligasyon pou tout moun ki konnen ke Bondye te fè yo gras, ke yo sove pa la fwa. Yo pap fè tankou farizyen yo ki te bandonen Lalwa a. Yo pito pran Jezi pou modèl yo. Nou kap wè sa nan parabòl jeran entelijan an.
Lik.16:1-12

I. Izrayèl, yon jeran ki pat entelijan.
1. Nan istwa saa, yo rankonte nou ki jan yon kontab pat fidèl nan biznis patron li. Sanble misye te fè sal pito ak biznis saa, paske nou wè se li menm ki tap siyen kontra yo ak kliyan yo. Yon jou, gen moun ki fè yon kout lang sou li devan patron an; yo di l ke misye ap fè koutay nan biznis patron an. Lik.16:1
Lè mèt la wè sa, li mande l pou l pote rapò bay li avan l revoke l.
2. Se te yon parabòl Jezi te voye pou pitit Izrayèl yo ki pat fidèl nan fason pou yo te fè payen yo konnen Bondye. Angiz sa, yo tap bat pou yo sanble ak yo. Depi lè sa, Bondye deside pou l mete yo a kote, e li mete legliz nan plas yo. 1S.8:4-7; Tra.1:8

II. Jezi, se yon jeran ki entelijan.
1. Li di tout moun ke li vini tout bon pou okipe zafè papa l. Lik.2:49 An de mo nou kap di : Li vini
   a. Pou anonse yon bòn nouvèl a malere yo.
   b. Pou geri moun ki gen kè kase

c. Pou lage prizonye yo
d. Pou fè yo konnen Bondye vinn delivre pèp la. Lik.4:18-19

III. Legliz se li ki jeran Bondye kounyeya
1. Se li ki gen misyon kounyeya pou sove le monn. Li te komanse depi menm jou Lapannkòt la kan Bondye te voye le Senstespri sou apòt yo. Lè sa twa mil am te konvèti. Tra.2:41
2. Nan moun sa yo ki te konvèti a, te gen anpil nan yo ki te zoti nan kat kwen la tè. Lè yo retounen lakay yo apre fèt Pannkòt la, yo gaye levanjil la toupatou Jan.3:16; Tra.1:8; 2:1-11 (Lazi, Lafrik, Lewòp te reprezante)
    a. Legliz dwe demontre fidelite yo nan Evanjelizasyon. Se sa ki pi enpòtan pou Seyè a. Pòl pran li tankou yon chay ki sou do l. 1Ko. 4:1-2; 9:16
    b. Pa gen nan Bib la yon kote li di : «Ale toupatou nan le monn al danse Levanjil.» Toutotan wap koute CD mizik yo, ak DVD pwogram ou yo, ou pap janm ale preche. Lè tan an rive pou al jwen mèt la, wap pati ak 2 men w vid.

Pou fini
Pou Jezi kap retounen, li depann de fidelite nou nan preche Levanjil pou moun yo konvèti. Eske se tout bon vre ou vle Jezi tounen?

Kesyon

1. Ki moun ki jeran Bondye kounyeya? Legliz
2. Ki moun Jezi tap blanmen nan parabòl saa? Izrayèl
3. Ki sa li te fè ki mal? Li tap bat pito pou l te sanble ak lòt nasyon yo.
4. Ki lès ki te bon jeran an ? Jezikri
5. Ki lè misyon Legliz te komanse?
    Nan jou Lapannkòt la, kan apòt yo te resevwa Sentespri a
6. Ki sa pou nou fè pou Jezi kap vini pi vit? Se pou nou al preche levanjil.

Leson 4 Reskonsablite yon kretyen devan byen li

Vèsè pou preparasyon: Mat.25:21; Tra.9:15; 21:37-40; 22:25; 1Co. 4:7; 9:16; 12 :4-12, 28; 13:1-14; Ep.2:10
Vèsè pou nou li nan klas la: 1Ko.12: 4-11
Vèsè pou resitasyon: Ki lès ki di ou pi bon pase lòt yo? Kisa ou genyen se pa Bondye ki bay ou li? Enben, nan kondisyon saa poukisa wap fè grandizè tankou si se pa Bondye ki te ba ou li? 1Ko.4:7
Fason pou fè leson an: Istwa, konparezon, kesyon
Bi leson an: Moutre ke tout byen Bondye bay nou mande pou nou pran reskonsablite pou sèvi lòt moun akòz de li.

Pou komanse
Bondye pa janm mande nou pou nou fè yon bagay ke li pat déjà fè li menm. Li antrene non e li bay nou tout ekipman pou fè travay li. Lè li fin bay nou talan yo, li di nou «Al fè yo travay.»

I. Al travay ak talan mwen bay ou yo.
Depi nou fèt, li bay nou talan natirèl. Li sanktifye yo lè nou konvèti.
1. Li sanktifye pwofesyon nou
   Byen souvan, nou abòde yon metye dapre talan nou gen pou egzèse l.
   Bondye chanje direksyon metye Pyè: «Ak privye Levanjil la, li fè misye tounen yon pechè pou peche namn.
2. Li sanktifye preparasyon èspirityèl nou.
   Li te chwazi apòt Pòl, ki te etidye nan Inivèsite pou bay li konesans pou li preche payen yon nan lemonn antye. Pòl sa te pale 4 lang : Arameyen, Ebre Laten, Grèk. Tra.9:15; 21: 37-40; 22:25

II. Ay travay ak don èspirityèl mwen bay ou yo. 1Ko.12: 4-11
Bondye te prepare davans tout travay kite la pou nou fè lè nou vinn konvèti. Se poutèt sa li bay nou don pou akonpli yo. Pinga pèson konprann se ou menm ki pou fè pwogram mete la pou Bondye. Ef.2:10

1. Li bay moun don pou bay konsèy. Li mete nan bouch yo pawòl sajès pou reskonsilye moun. 1Ko.12:8
2. Li bay moun konesans pou evente, pou chanje anpil bagay. 1Ko.12:8
3. Li bay moun don la fwa pou gen viktwa, pou geri, pou delivre lòt moun. Tout don sa yo kap kenbe fèm kan nou viv nan jèn ak la priyè. Doktè yo konn sezi, lè yo wè moun ki te dwe mouri, levanjil la mete yo kanpe sou de pye yo. Mat.17:21
4. Li bay moun don pou preche. 1Ko.12:10
5. Li bay moun don pou konprann bagay difisil. V.10
6. Li bay moun don pou pale plizyè lang. 1Ko.12:10
7. Li bay moun don pou dirije, pou administre. Konnen sèlman ke nenpòt moun pa kapab manm komite. 1Ko.12:28
9. Tout don sa yo dwe pou egzèse ak lanmou, yon vèti ki soti nan Bondye. 1Ko.13:1-14

Remak:
1. Yo tout se richès ki pap fè nou pòv si nou separe yo. Jezi rele yo richès nou pat travay pou yo. Na sezi lè nou rive nan syèl la yon jou, pou nou wè moun ki gen rekonesans pou nou, paske nou te egzèse don sa yo pou te sove yo. Nou pa gen don yo pou fè pedan men pou bay Bondye glwa, pou sèvi li. Apòt Pòl di : don mwen se preche Levanjil, si m pa fè sa, madichon Bondye ap tonbe sou mwen. 1Ko.9:16

2. Pou moun kap fè grandizè, Pòl di : « Pou ki sa wap fè grandizè ak yon bagay ke ou genyen, se pa travay ou te travay pou li? 1Ko.4:7

Pou fini
An nou remèsye Bondye paske li sèvi ak nou pou glwa li, nou menm ki pat merite sa.

Kesyon

1. Depi ki lè nou gen don natirèl yo? Depi nou fèt

2. Sa Bondye fè ak yo?
   Li sanktifye yo

3. Bay 2 egzanp :
   Li pran Pyè pechè pwason, li fè li pechè nanm.
   Li pran Pòl, yon moun ki fin fè tout etid li, pou li al fè misyon atravè le monn.

4. Site pou nou 5 don èspirityèl.
   Konsey, konesans, fwa, gerizon, preche levanjil

5. Koman Jezi konsidere yo?
   Tankou byen nou pat travay pou yo.

Leson 5 Reskonsablite yon kretyen devan lajan

Vèsè pou preparasyon: Mat.12:30; Lik.20:22-25; 2Ko.9:7; 1Ti.6:6-12
Vèsè pou nou li nan klas la: 1Ti.6:6-12
Vèsè pou resitasyon: Paske renmen lajan fè moun fè tout kalite bagay ki mal. Gen moun ki si tèlman anvi gen lajan, yo pèdi chemen la fwa a nèt, se pa de ti soufrans ki tonbe sou yo. 1Ti.6:10
Fason pou fè leson an: Istwa, konparezon, kesyon
Bi leson an: Fè nou sonje ke Bondye pral mande nou kont pou lajan ki nan men nou.

Pou komanse
Si yon moun ta kwè ke lajan ou genyen se pou ou menm sèl li ye, ou fè pi gwo erè. Se sa ki te rive nonm rich la. Nou ta swate sa pa rive w. Pou byen di : koman pou nou sèvi ak lajan?

I. Ki distenksyon nou dwe fè tout dabò.
Fòk nou fè diferans ant sa ki itil ak sa ki nesesè, ant sa ki nesesè e sa ki endispansab. Gen kòb pou w mete a kote:
1. Sa ki pou Seza: Se taks ou peye Leta.
   Se Leta ki sèvi ak lajan sa yo pou rann ou sèvis. Si ou pa bay li, lap fòse w bay li.
   a. Sa ki pou Bondye. Se ladim ak ofrann.
      Ladim se sa nou dwe renmèt Bondye.

   b. Ofrann se kontribisyon nou bay selon mwayen nou, selon jenerozite nou e entimite nou ak Bondye. Lu.20:22-25
      Pòl, rekomande nou pou nou mete yo a pa pou chak dimanch. Li mande pou nou bay li ak kè kontan, san kè sere e san moun pa fòse nou. 2Ko.9:7

c. Sa pou nou mete nan rezèv.
Ou dwe mete yon kòb a kote de tanzantan, menm si li piti paske lajan se tankou zwazo. Li gen zèl. Talè konsa li kite w ak gwo chagren nan kè w.

d. Epay la se pou demen w. Se yon disiplin a moun ki gen lòd. Yo pap chanje disiplin sa pou pèson. Si yon moun ta kwè ke wap rich paske ou pa bay Bondye dim ak ofrann, Jezi di ou pèdi davans. Li di : «Moun ki pa ansosye ak mwen, gen pou kriye fayit.» Mat.12:30

Pou fini
Jwe jwèt la byen. Jezi la kòm abit.

Kesyon

1. Pouki Bondye bay moun richès? Pou ede tète nou ak lèzòt yo tou.
2. Koman pou nou administre lajan?
   Nou dwe peye taks Leta a e bay la dim a Bondye.
3. Eske nou gen dwa fòse yon kretyen pou l kontribye?
   Non. Li dwe bay ak kè kontan, san kè sere, san fòse.
4. Pouki sa nou fè ekonomi? Pou demen.
5. Ki moun ki temwen tout depans nou yo? Jezi

Leson 6 Rèskonsablite yon kretyen devan tan an.

Vèsè pou preparasyon: Sòm.23:2;; 104:23; La.3:26; Mat.10:5-6; Mak.1: 35-38; 6:31; Lik.10:1-12; Jan. 2:2-5; 7:3-7; 8:29; 9:4; 17: 1-26; Tra.1:8; 1Ti.4:13

Vèsè pou nou li nan klas la: Toutotan l fè klè toujou, se pou m fè travay moun ki voye m lan banm fè a. Jan.9:4

Fason pou fè leson an: Istwa, konparezon, kesyon

Bi leson an: Moutre ke Bondye bay nou tan pou nou kap prepare letènite.

Pou komanse

Zafè tan an te toujou yon lokipasyon pou Senyè a. Moun pa kap bay li presyon. Li toujou mete yon ti distans ant priyè ak repons la. Ki jan nou kap eksplike sa ?

I. Ki distans ki genyen ant priyè nou ak reponsBondye?

1. Distans la se volonté Bondye. Volonte Bondye chita nan mitan sa nou mande a ak sa Bondye pral reponn nan. Se poutèt sa, nan priyè li moutre nou, Jezi ajoute « ke volonte w fèt sou tè a menm jan li fèt nan syèl la. »
2. Distans la se tan Bondye mete pou l ogmante fwa nou ak lapasyans pou nou kap tann repons la. Sa ki yon ijans pou nou kap byen pa yon ijans pou Bondye. Sonje sèlman ke Bondye pa janm anreta.   La.3 :26

II. Ki egzanp Jezi te bay nou nan reskonsablite yon kretyen devan tan an.

1. Li priye Papa Bondye avan li fè chak bagay.
2. Li gen yon tan pou l anseye. Egzanp : mesaj sou Mòn nan, nan Matye chapit 5
3. Li gen yon tan pou l soti preche. Mak.1:38
4. Li gen yon tan pou l antrene disip li yo. Lik. 10:1-12

5. Li gen menm yon pwogram pou pran swen jwif yo avan tout lòt pèp. Mat.10:5-6
   Li gen yon tan ki te pou vini pou l voye apòt yo al preche payen yo. Tra.1: 8
6. Li mete Bondye okouran de tou sa lap fè. Jan .8:29
7. Gen de lè, se li menm sèl ak Papa l ki pou rankontre. Mak.1:35; Jan.17 :1-26
   Pou byen di, li gen yon tan pou chak bagay.

III. Reskonsablite yon kretyen devan tan an
1. Kretyen dwe fè menm jan tou. Li dwe gen lè:
   a. Pou l etidye e pou l travay. 1Ti.4:13
   b. Pou l repoze e pou l medite. Sòm.23:2; Mak.6:31. Depi li aswè, li dwe al kouche paske se lè sa pou move bèt yo deyò pou devore moun. Sòm.104:23. Jn.9:4
   c. Pou l priye. Li pa dwe negosye lè sa pou fè ni paran ni zanmi plezi. Se pou rezon sa li dwe priye toutan. Jan.2:2-5 ; 7:3-7

Ke li sonje ke tout desizyon san Bondye se yon fo pa pou menen l nan tchouboum.

Tou sa nap fè dwe gen le syèl pou bi nou. Si yon moun pa gen tan pou Bondye ki mèt tan an, pa mande l pou l bay ou letènite.

Pou fini
Moun nan ki ka fè ladènye a se li ki genyen. Degaje w!

Kesyon

1. Ki jan pou nou ranpli distans ant priyè ak repons Bondye?
   a. Konnen ke se distans volonte Bondye
   b. Se pèseverans nan priyè nou
   c. Se aji fwa nou e pran pasyans.
2. Koman Jezi jere tan li?
   Li gen yon tan pou chak bagay.
3. Ki jan pou nou jere tan nou?
   a. Nou dwe respèkte lè pou travay ak etidye
   b. Nou dwe respekte lè pou repoze ak medite.
4. Ki sa ki va rive si nou pa mete Bondye okouran de zafè nou?
   Nou komanse ak yon fo pa ki pral mennen nou nan tchouboum.

Leson 7 Reskonsablite yon kretyen devan kò li.

Vèsè pou preparasyon: Jen.1:29; 9: 3-5; Le.11:7; Mat. 28:19-20; Jan.1:12; 3:6; 1Ko.6:13-20;10:25-26; 1Tès.5:23; 1Ti.4:3-5, 8; Rev.3:20

Vèsè pou nou li nan klas la: 1Ko.6:13-20

Vèsè pou resitasyon: Kouri pou dezòd la chè. Yon moun mèt fè tout kalite peche, sa pa fè kò l anyen. Men, moun ki lage kòl nan dezòd la chè, li fè peche kont pwòp kò li. 1Ko.6:18

Fason pou fè leson an: Istwa, konparezon, kesyon

Bi leson an: Fè tout moun sonje ke Bondye se li ki pwopyetè kò a, nou menm se lokatè nou ye nan kò a. Li gen dwa poul mande nou kont pou li jan l vle.

Pou komanse
Lòm se yon moun tout antye. Li dwe jere tèt li tou antye. Li gen pou rann konn pou tèt li tout antye san manke anyen. 1Tès.5 :23

I. Ki sa li ye san Bondye.
Lè li pat ko fè peche li te sanble ak Bondye. Li te gen kò, nanm ak espri. Li te gen privilèj pou l te viv pou toutan san pou l pat janm mouri.
Peche lakòz lespri Bondye soti nan li, li pou kont li ak kò ak nanm nan sèlman. Bondye pa kapab chita nan li ankò. Nanm nan se sa nou pa wè men ki konpoze ak entelijans nou, volonte nou ak santiman nou. Se li ki sèvi ak kò nou kòm yon zouti pou l fè ou byen eksplike sa li vle. Tout pitit Adan apre peche a te gen kò ak nanm ak entelijans ; men yo pa gen sentespri Bondye sou yo.

II. Ki sa li ye ak Bondye nan li.
   1. Li tounen pitit Bondye ak kò, nanm ak lespri. Men ki jan sa ye :
      a. Nanm nan rantre nan kò a lè ti moun nan fèt. Lespri a antre nan nou lè nou fèt de nouvo, lè nou konvèti. Kò soti nan papa nou ak manman nou. Lespri soti nan Papa Bondye. Jan.3:6

b. Pa gen moun ki te gen dwa chwazi nan ki kò li tap vini ni nanm li non plis. Konsa ou pat gen dwa chwazi ni paran ou, ni sèks ou, ni koulè w. Se Bondye ki bay ou yo konsa. Sa ki soti nan lachè, se lachè li rele. Sa ki soti nan lèspri se lèspri li rele. Jan.3:6

c. Men se ou menm ki pou chwazi pou w kapab devni pitit Bondye ak pwòp volonté w. Jan.1: 12; Rev.3:20

III. Ki reskonsablite nou gen pou kò a. 1Tès.5:23
Nou gen pou konsève l pwòp
  a. Ak yon bon egzèsis pou kò a ak pou nanm nan. Kò a se tanp Bondye. 1Ko.6:19-20
  b. Ak bon manje. Nou dwe pou manje sa kò nou asèpte. Gen maladi moun jwen se paske yo konprann yo kap manje tout bagay yo wè lòt moun ap manje e ki pa bon pou yo. Bondye dikte nou ki sa pou nou manje ak bwè dapre milye nap viv, dapre epòk la, dapre tanperaman nou ak kilti nou.
   1) Nan Jaden Eden li bay yo dwa manje fri ak legim. Jen.1:29;
   2) Apre Delij la li ajoute vyann ladan ak kèk ti regleman. Jen. 9:3-5
   3) Sou Lalwa li bay yo menm manje yo men ak plis regleman. Lé. 11:7
   4) Sou la gras li leve tout regleman yo. 1Ko. 10:25-26; 1Ti.4:3-5
  c. Ou dwe fè èspò. Gen moun ki di yo pap fè egzèsis paske yo pa ti moun. E si ou pa swaye sante w, ki jan pou w fè ale patou le monn al preche levanjil? Mat.28:19-20; 1Ti.4:8; 1Tès.5: 23
  d. Ou dwe dòmi byen. Se somèy la ki pou repare kò w, nanm ou ak lèspri ou. Ou gen plis kontwòl de ou menm. Ou pap fè move rèv pou al entèprete yo mal. Se sa pwofèt Jeremi di. Je.23: 25-28
  e. Ou dwe refize dezòd la chè.

Vi banbòch ak fi, jwe ak sèks ou ak pa moun, ak tout lòt bagay Bondye pa vle. Wom. 8:5-6; 1Ko.5:11

Pou fini
Obeyi a sa Bondye di w, pou w pa pran move sipriz nan dènye jou a.

Kesyon

1. Konbyen pati ki nan lòm? Kò, nanm ak lespri
2. Ki sa lòm ye san Bondye? Kò ak nanm sèlman.
3. Pouki sa? Akòz peche li fè.
4. Ki moun ki te kap chwazi kò li? Pèsonn.
5. Ki obligasyon nou pou kò a?
   Gade l pwòp andedan tankou andeyò.
7. Kijan? Nou dwe fè espò, domi byen, manje byen, nou dwe renonse a banbòch lachè.
8. Pouki sa? Paske Bondye se li ki mèt kò a, nou menm se lokatè nou ye ladan.

Leson 8 Rèskonsablite yon kretyen devan nanm li.

Vèsè pou preparasyon: Som.1:1-6; 119:11, 105; Ez.18:20; Mat 4:4-10; 12:36; Mak .4:24; Jan.16:13; 1Ko.15:33; 2Ko.5:10; Ef.5: 18-21; Kol.3:1; 1Ti.4:13; Ebre.13:7; 1Jan.2:15-17; Rev.7:15
Vèsè pou nou li nan klas la: Kol.3:1-3
Vèsè pou resitasyon: Ki sa ta sèvi yon moun pou li ta genyen lemonn antye si l pèdi la vi l? Mak.8:36
Fason pou fè leson an: Istwa, konparezon, kesyon
Bi leson an: Moutre ke nanm nou se nou menm ki chita nan kò a. Li itilize kò a tankou yon mwayen pou eksprime pawòl li ak aksyon li.

Pou komanse
Si kò a se ta va yon machin Bondye bay nou, ebyen, nanm nan se li ki chofè a. Nou dwe konnen koman pou nou antann nou ak chofè sa.

I. Reskonsablite yon kretyen devan nanm li.
1. Nanm nan pa ta dwe tolere tout bagay. Men sa ki pou fè l byen :
   a. Bon frekantasyon. Som. 1:1-6; 1Ko.15:33; Ef.5:18-21
   b. Bon liv. Som.119: 11,105. 1Ti.4:13. Nenpòt move pawòl ka detri tout la vi nanm nou.
   c. Travay sou direksyon Sentespri a. Jan.16:13
   d. Kontwòl nan sa nap di nan bouch nou. Lang nou kap voye nou nan lanfè. Mat 12 :36
   e. Kontwòl sou sa nap gade ak zye nou. Mat. 4 :4-10; 1Jan.2 :15-17
   f. Kontwòl sou sa nap tande. Nou reskonsab tou sa ke nou tande. Mak.4:24
   g. Chèche bon distraksyon.
2. Ou dwe pou refize tout CD, tout DVD, tout sinéma ak tout pwogram entènèt ki kapab kòronpi vi espirityèl ou.
   Kò a pa konnen okenn milye monden yo, kit ou rele yo Nay Klib, kit ou rele yo Kazino, disko ak fanm ak gason toutouni, se nanm ou ki pase kò a lòd pou li ale nan yo. Se poutètsa bib

la pa di : Kò ki peche a se li kap mouri, men li di Nanm nan ki peche a se li kap mouri.Ez.18:20
Lè nou mouri, kò a ap tounen nan tè kote l te soti. Nanm nan pral parèt devan Jezi pou l jije. 2Ko.5:10

3. Fòk ou dirije nanm ou bò kote Papa Bondye rete. Kol.3:1
   Men mwayen pou w fè sa :
   a. Grandi konesans ou nan Etid Biblik.
      Sòm.119: 11; Mat.4:4
   b. Antrene nanm ou nan fè lwanj Bondye, paske nan syèl la, nou pral fè sa, lajounen tankou lannwit. Rev. 7:15
   c. Abitye l a preche Levanjil, a sèvi pwochen ou gras a lespri Bondye kap dikte w sa pou w fè.
      Mat. 28:19-20; Ebre.13:7

Pou fini

Nou ta swate chak moun di tankou apòt Pòl : « Si map viv, se pa mwen kap viv, men se Kris kap viv nan mwen.

Kesyon

1. Koman pou nou jere nanm nou?
   a. Nou dwe gen bon frekantasyon
   b. Nou dwe li bon liv
   c. Nou dwe gade bon film sinema
   d. Nou dwe travay sou dikte Sentespri a
2. Ki sa nou dwe evite?
   a. Evite gade move bagay
   b. Evite koute landjèz moun ak zen.
   c. Evite vye pwogram nan televizyon, nan entenèt ak nan radyo
3. Ki sa ki reskonsab vi nou gate? Nanm nou
4. Ki sa ki va parèt nan jijman an? Nanm nou
5. Ki jan pou nou kondi nanm nou?
   Nou dwe antrenen l
   a. A bagay ki nan syè l la
   b. A bay Bondye Lwanj
   c. A sèvi pwochen nou yo sou latè

Leson 9 Reskonsablite yon kretyen devan Espri a

Vèsè pou preparasyon: Sòm. 147:15; Mat12: 32; 17 :21; Jan.1:12; 19:30; 20:17-19; Tra.2:16-18; 7:51,59; 16: 25; 13:2; 1Ko.2:11; Ef.4:30; 6 :18-21;Ebre.13:15

Vèsè pou nou li nan klas la: Ef.6:18-21

Vèsè pou resitasyon: Pandan nap fè tout sa, pa janm bliye lapryè. Mande Bondye konkou li. Lapriyè nan tout sikonstans avèk pouvwa Sentespri a. Se poutèt sa, pa kite dòmi pran nou. Kenbe fèm nan sa nap fè a. Lapriyè pou tout pèp Bondye a. Ef.6:18

Fason pou fè leson an: Istwa, konparezon, kesyon

Bi leson an: Moutre ki jan nou sanble ak Bondye a kòz Espri li ke li mete nan nou.

Pou komanse

Si kò nou obeyi a lòd nanm nou, eske nanm nou li menm li obeyi a sa lespri di l? Pouki sa apòt Pòl rekomande nou pou nou gade kò nou, nanm nou ak lespri nou pwòp jiskaske Kris retounen? 1Tès.5 :23

I. Sa Lespri a ye.

1. Se esans sa ki fè nou sanble ak Bondye. Depi jou konvèsyon nou, li mete Sentèspri li nan nou, yon fason pou etabli relasyon l ak nou. Jan.1:12; Tra.2:16-18
2. **Ki jan Lespri a ye.** Li toujou byen dispoze. Li pa janm fatige. Se li ki machin ki pou pote priyè nou bay Papa a lapoula. Sòm.147:15

Si w byen vle gade, menm jou Jezi resisite, li monte nan syèl. Li retounen sou la tè menm jou saa, oswa, nan mitan disip yo e li pat fatige paske lespri toujou byen dispoze. Jan.20: 17-19

Se gras a li Bondye revele nou bagay ki kache.1Ko. 2: 11

I. Li fè nou sanble ak Bondye gras a yon relasyon espirityèl.

Resanblans sa posib sèlman lè nap mache dapre lòd Sentespri a. Se sèlman lè nou mouri, li soti nan kò a pou l al jwen Papa a. Nou wè ni Etyèn, ni Jezi te fè eksperyans saa.

Jan.19: 30; Tra.7: 59
Si nou kwè nou kap pase Sentespri a lòd, li tou al fè wout li, li rafredi, li tris anpil. Depi lè saa, li pa pale ak nou ankò.
Se sa ki lakòz nanm nan pa jwen siyal Sentespri a, epi nanm nan vin mouri. Jezi di « nanm nan vin kondanen » Mat.12:32; Tra.7:51; Ef.4: 30

II. Nou dwe gade lespri nou nan yon milye espirityèl. Ki jan?
1. Nan yon vi de jen ak lapriyè. Mat.17:21; Ef.6:18
2. Nan yon vi de lwanj malgre pwoblèm.
   Tra.16:25; Ebre.13:15
   3. Nan yon vi de sèvis pou Bondye. Tra.13:2

Pou fini
Si ou kap sonje rele Bondye pou w mande l padon, se yon prèv ke Lespri a pa ankò etenn nan ou. Depeche w pou w rekonsilye ak Bondye pou w sa jwen visa pou letènite.

Kesyon

1. Ki atitid Lespri a? Li toujou byen dispoze.
2. Ki wòl li nan la vi nou?
   a. Li la pou revele nou bagay ki kache.
   b. Li lapou retabli relasyon nanm nou ak Bondye.
3. Ki jan pou nou kap fè rekonèt li?
   Lè li fè nou sanble ak Bondye.
4. Ki jan mentni prezans li nan nou?
   Kant nou mennen yon vi de jen ak lapriyè ak yon vi de sèvis pou Bondye.

Leson 10 Reskonsablite yon kretyen devan nanm pwochen li

Vèsè pou preparasyon: 1S. 16:7; Oze.4:6; Lik.10:25-37; 17:10; Jak. 1 :27

Vèsè pou nou li nan klas la: Mat. 22:41-46

Vèsè pou resitasyon: Menm jan yon kò ki san nanm se yon kò ki mouri, konsa tou, konfyans nan Bondye ki pa mache ak fè sa ki byen se yon konfyans ki mouri. Jak.2:26

Fason pou fè leson an: Istwa, konparezon, kesyon

Bi leson an: Eksplike rezon ki fè nou gen relasyon ak pwochen nou.

Pou komanse

«Ki moun ki pwochen m ». Gade yon kesyon ridikil ? Jezi sèl te gen sajès pou l reponn farizyen yo. Pouki? Se paske li te gen yon bi kache ke nou pral dekouvri nan leson saa. Ki bi kache saa?

1. **Li te gen yon mesaj pou payen yo.**
    1. Fòk Levanjil pa preche an plennè, de kay an kay, nan radyo, nan televizyon, nan ansey yo, nan defans machin yo ak ti brochi evanjelik yo.

    2. Gen de bagay nou fè, nou pat janmen aprann yo nan apòt yo.

    3. Yo te 12 ansanm. Yo pa janm fòme yon gwoup dòm pou chante. Si yo te fè sa, misyon yo tap bloke nan Jerizalèm.

    4. Madanm yo non plis pat fè yon gwoup dam pou yal chante. Kris pat janm di yo pou yo ale patou nan le monn al chante levanjil.

5. Gwoup sa yo nap pale de li a, yo bon tout bon andedan legliz la. Pouki rezon?
   a. Yo sèvi de ankadreman sosyal e espirityèl pou moun ki vle patisipe nan legliz la.
   b. Yo asiste pastè a nan pwogram andedan legliz la.
   c. Men, si yo gen malè yo pa aktif nan evanjelizasyon, nap gen tout swit yon bann moun ki fè yo enpòtan pou yo kreye divizyon nan legliz la.
   d. Konnen ke Bondye pa gen tan lap pèdi ak moun ki enpòtan; li gen tan pou moun ki fè piti devan l. Sòm.138 :6; 1S.16:7; Lik. 17:10
   e. LaBib pa janm di ke legliz detri pa mank CD ak DVD, ni mank gita ak tanbou; Li di legliz detri pa mank konesans pawòl la. Oze.4:6.

3. Si nou pa ale preche Levanjil, nou reskonsab devan Bondye pou tout pwochen nou yo ki mouri nan peche yo. Se komsi ou te di tankou farizyen ipokrit yo: «Ki moun ki pwochen mwen?» Lik.10: 29, 36-37
   Repons la se «tout moun enkonveti yo kap peri nan lemonn pa mank konesans pawòl la».

4. Li fè pati de zèv pou nou fè nan sosyete a
   Levanjil la mande pou nou ede moun nan bezwen materyèl yo. Se kapab lojman, sante, lekòl, manje, bay konsey a moun ki poko marye, èd a moun ki bandonen, visit a prizonye, a malad yo, a moun droge yo, a manman pitit yo. Se sa nou rele relijyon pi e san tach devan Bondye kant nou montre lafwa nou pa mwayen zèv nou nan mitan yo. Jak. 2 :18,26.
   a. Lè nap sèvi pwochen nou pou nou sove nanm yo, nou kraze baryè ras ak relijyon. Ou pa genyen moun nan pou gwoup ou, ou byen pou legliz ou, men ou genyen l pou Jezikri. Jak.1:27

Pou fini
Mèt jaden an gen pou l retounen pou l peye chak moun travay yo te fè. Eske ou sèten ke non ou sou pewòl li?

Kesyon

1. Ki moun ki te di Jezi konsa : « Ki moun ki pwochen mwen? Farizyen yo

2. Ki moun ki pwochen nou? Moun ki pa konvèti yo

3. Ki jan pou nou jere nanm pwochen nou?
   a. Lè nou preche yo levanjil
   b. lè nou bay yo bon egzanp
   c. Lè nou rann yo sèvis nan non Jezikri.

4. Ki ta dwe wòl gwoup yo nan legliz?
   Preche levanjil nan yon fason pou mennen nanm yo a Kris.

5. Ki wòl zèv nou yo nan levanjil? Moutre la fwa nou an aksyon.

Leson 11 Reskonsablite yon kretyen devan nanm frè li

Vèsè pou preparasyon: Jen.4:9, 14; Le.15:11; Mat.25:34-41; 1Ko.5:11; Ga.6:1; 2Tès.3:6; 1Ti.5:22; 2Jan.10-11; Jid.23
Vèsè pou nou li nan klas la: Mat. 25: 38-46
Vèsè pou resitasyon: Senyè a mande Kayen: Kote Abèl frè ou la? Kayen reponn: Mwen pa konnen. Eske ou te mete m veye l? Jen.4: 9
Fason pou fè leson an: Istwa, konparezon, kesyon
Bi leson an: Moutre reskonsablite nou devan manm fanmiy nou yo.

Pou komanse
Sèl Kayen te pran chans di Bondye : « Eske se mwen ou te mete veye l ? Si ou kwè ou kapab reponn konsa, ou mèt komanse pran lari a tankou se vagabon sou la tè, tankou Kayen. Jen.4 : 14 Ki jan ou kap moutre ke ou menm se gadyen frè ou?

I. Ou reskonsab nanm frè ou.
 1. Kant li bezwen egzotasyon. Ga.6:1
 2. Kant li bezwen prezans ou. Mat 25:36
 3. Kant li bezwen konsey ou byen èd materyèl. Mat 25: 35-36
 4. Se pa Kès Sekou nan legliz ki pou renmen frè w. Se rou ki pou renmen l. Kant yon bèje ap sove yon mouton, li pote l deyè kou l, li kenbe 4 pat li. Konsa tèt mouton an ak tout move zodè mouton an tou pre figi l. Men li pa bay tèt li pwoblèm pou sa.
 5. Se menm jan tou, nou dwe desann nan soufrans frè nou yo pou nou retire yo ladan ak yon kè ki gen konpasyon.

II. Ki limit nou gen nan reskonsablite sa.
 1. Nou dwe evite patisipe nan peche frè nou tonbe ladan an. Gal.6: 1; 1Ti.5:22
 2. Nou dwe evite fè diskisyon ak moun ki pa konn Bondye. 2Jn.10-11
 3. Nou dwe ekate nou de tout frè kap viv nan dezòd. Lev.15: 11; 2Tès.3:6

4. Pòl di pou nou refize manje ak yo. 1Ko.5:11
5. Jid di pou nou pa bay yo la men. Se pou moun nan ka gen wont. Lev.15: 7, 31; Jid.23

Pou fini

An nou pran krent Bondye a pou limit nou e la fwa kòm defans nou. Apre sa, an nou mache ansanm ak kretyen kap viv anba limyè Pawòl la.

Kesyon

1. Ki moun ki te di Bondye: « Eske se mwen ou te mete veye frè m?» Kayen

2. Koman jere nanm frè nou?
   Nou dwe bay sipò espirityèl, moral, materyèl.

3. Eske gen limit nan sa?
   a. Nou dwe evite pou nou pa tonbe nan menm peche li a
   b. Nou dwe evite diskisyon ak moun ki pa rekonèt ke Jezi se Sovè.
   c. Nou dwe pran gad nou ak tout frè kap viv nan dezòd.

4. Ki sa ki limit nou? Lakrent pou Bondye

5. Ki sa ki defans nou? Fwa nou nan Jezikri.

Leson èspesyal
Leson 12 Jean Huss, yon bon lidè pou prepare Refomasyon an

Teks pou li nan klas la: Wom.8:35-38
Vèsè pou resitasyon: Ou pa bezwen pè pou sa ou pral soufri ankò. Koute, Satan pral chache sonde nou tout, li pral jete anpil nan nou nan prizon. Nou pral soufri pandan dis jou. Men kenbe fèm, menm si nou gen pou n mouri. Ma ban nou lavi pou rekonpans. Rev.2 :10
Fason pou fè leson an: Istwa, konparezon, kesyon.
Bi leson an: Fòtifye fwa kretyen yo devan pèsekisyon.

Pou komanse
Kan yon moun ap kenbe fèm pou sa ki verite, ou kapab pèsekite pou sa. Se sa ki te rive Jan Iss. Kisa ki te rive l? Nan ki milye Jan Iss tap viv?

I. An nou pale de vi li avan.
Jan Iss te fèt le 6 Jiyèt 1369 nan peyi Isinèt, nan Sid Boèm, nan Moravi e li te mouri kòm martir a Konstans. Malgre paran l te pòv, yo te fè l fè gwo etid nan Inivèsite Prag la. Li te tèlman fò ke apre sa yo mete l dwayen Inivèsite sa e li te pwofesè filozofi ladan. Misye te vin si tèlman popilè, ke non li lonmen fò nan palè wa Wenseslas. Se sa ki te fè ke rèn nan, Sofi de Bavyè te bay li djob chaplen pou fè sèvis nan legliz rèn nan.

II. Ki vi chef legliz yo tap mennen nan tan saa.
1. Yo te nan koripsyon, dròg ak banboch fi y ak gason. Lè sa Jan Iss tap li dokiman ke Jan Wiklèf te ekri yo. Li wè ke Jan Wiklèf te konn denonse magouy gwo chef yo ki tap vant padon pou peche pou gwo lajan. Lè Jan Iss pran denonse bagay sa yo, gen 3 jenn gason ki apiye l. Poutèt sa chef yo arete yo e yo touye yo.
Yon gran maten nan mwa Oktòb, Lepap voye solda arete Jan Iss nan legliz nan Prag kote li tap preche. Manm legliz yo kanpe an kwa. Yo deklare ke pa gen moun ki kap mete men

sou pastè yo Jan Iss. Polis yo blije rale soti. Depi lè sa, pèsekisyon finn wè mò nan do Jan Iss.
2. Lè menas yo vinn twòp, manm legliz la konseye Jan Iss pou kite vil Prag.

III. Evènman :

1. Nan tan sa te gen 3 pap ki te vle ke se yo ki pou chita sou twòn nan, nan Vatikan. Se te Aleksann 5 de Piz, Gregwa 12 nan vil Wòm ak Benwa 8 nan vil Aviyon.
Aleksann mouri bonè, Jan 23 ranplase l.
2. Lòske Lanperè Sijismon santi l pa kapab sipòte zafè 3 pap la nan peyi a, li konvoke yon Konsil pou fè eleksyon pou gen yon sèl pap. Li profite menm sikonstans saa pou fè jijman Jan Iss kòm yon eretik. Nan ipokrisi li kont Jan Iss, li bay li yon otorizasyon swadizan pou bay li sekirite. Jou yo pral kondanen Jan Iss la, Lanperè chita la, yap akize Jan Iss, Lanperè konnen sa yap di de li a pa vre, men li pa di yon mo.

IV. Jou Jijman an

Yo kondanen Jan Iss pou yo boukanen l nan gwo dife.
1. Yo anpilye bwa toutotou li depi nan pye jouk rive nan manton l. Pandan tan saa, Jan Iss ap chante byen fò. Apre sa, li priye pou Bondye padonen lèdmi li yo.
2. Avan yo limen boukan dife a sou li, marechal la mande l si li pa ta vle renye tout erè li yo. Konsa li kap sove la vi l. Jan Iss di l konsa : « De ki erè wap pale la? Map di w byen : Mwen pran Bondye pou temwen, ke tout sa ke m ekri yo se te pou sove nanm kap pèdi nan peche yo. Jodia mwen isit pou m siyen dokiman sa yo ak san mwen. »
3. Yo mete dife nan touf bwa a, e kòm flanm nan antoure l, Jan Iss komanse chante byen fò '"Jezi, pitit Bondye vivan an, gen pitye pou mwen". Bondye tande vwa li. Konsa li pa gen tan soufri anpil. Yon gwo van pouse la fimen nan trou nen Jan Iss. La fimen an toufe l avan dife a komanse boule l.
4. Yo boule zo l epi yo voye sann nan nan flèv Ren an.

V. Ki rezilta sa te gen:
Tout legliz yo reveye toudenkou. Pa gen moun ki kap tenyen pèseverans yo.

Pou fini
Bondye pat epanye pwòp pitit li nan lanmò paske li te vle sèvi ak lanmò sa pou bay nou la vi. Wom.8 :32
Se konsa li fè pou Jan Iss pou propaje levanjil la. Eske wap asèpte sakrifye ou pou kò Jesikri a?

---

1. Histoire de Legliz, p.371
2. Op.cit. p. p.402

Kesyon

1. Ki kote Jan Iss te fèt?
   Nan vil Isinèt a Prag.
2. Ki moum li tap imite? Jan Wiklèf
3. Ki moun ki te bay djob dirije legliz ?
   Rèn sofi nan Bavyè
4. Ki kote yo te jije ? Nan Konsil a Konstans
5. Ki moun ki te bay yon papye pou garanti sekirite l?
   Lanperè Sijismon
6. Ki jan li te trayi Jan Iss?
   Li fèmen bouch li, li kite yo arête l e touye l.
7. Ki jan li te mouri ?
   Yo boule l nan dife devan tout moun.
8. Ki jan li te kenbe devan lanmò?
   a. Tankou yon kretyen : Li mande Bondye padon pou lèdmi yo
   b. Tankou yon martir : Li mande Bondye pou gen pitye pou li.
   c. Tankou yon refòmatè : Li mentni konviksyon li jiska lamò.

Lis vèsè yo pou trimès la

Leson 1
Senyè a, Bondye a pran nonm lan, li mete l nan jaden Edenn lan pou l travay li, pou l pran swen l. Jen.2:15

Leson 2
Si yon moun pa pran swen fanmi l sitou moun kap viv la kay li, li nye konfyans li nan Bondye, li pi mal pase yon moun ki pa janm kwè nan Bondye. 1Ti.5:8

Leson 3
Tande byen, se pa yon lwanj pou mwen deske map anonse bòn nouvèl la. Sa se yon obligasyon yo fè mwen. Malè pou mwen si m pa anonse bòn nouvèl la 1Ko.9:16

Leson 4
Ki lès ki di ou pi bon pase lòt yo? Kisa ou genyen se pa Bondye ki bay ou li? Enben, nan kondisyon saa poukisa wap fè grandizè tankou si se pa Bondye ki te ba ou li? 1Ko.4:7

Leson 5
Paske renmen lajan fè moun fè tout kalite bagay ki mal. Gen moun ki si tèlman anvi gen lajan, yo pèdi chemen la fwa a nèt, se pa de ti soufrans ki tonbe sou yo. 1Ti.6:10

Leson 6
Toutotan fè klè toujou, se pou m fè travay moun ki voye m lan banm fè a. Jan.9:4

Leson 7
Kouri pou dezòd la chè. Yon mou nte mèt fè tout kalite peche, sa paf è kò l anyen. Men, moun ki lage kòl nan dezòd la chè, li fè peche kont pwòp kò li. 1Ko.6:18

Leson 8
Ki sa ta sèvi yon mounm pou li ta genyen lemonn antye si l pèdi la vi l.? Mak.8:36

Leson 9
Pandan nap fè tout sa, pa janm bliye lapryè. Mande Bondye konkou li. Lapriyè nan tout sikonstans avèk pouvwa Sentespri a. Se poutèt sa, pa kite dòmi pran nou. Kenbe fèm nan sa nap fè a. Lapriyè pou tout pèp Bondye a. Ef.6:18

Leson 10
Menm jan yon kò ki san nanm se yon kò ki mouri, konsa tou, konfyans nan Bondye ki pa mache ak fè sa ki byen se yon konfyans ki mouri. Jak.2:26

Leson 11
Senyè a mande Kayen: Kote Abèl frè ou la? Kayen reponn: Mwen pa konnen. Eske ou te mete m veye l? Jen.4: 9

Leson 12
Ou pa bezwen pè pou sa ou pral soufri ankò. Koute, Satan pral chache sonde nou tout, li pral jete anpil nan nou nan prizon. Nou pral soufri pandan dis jou. Men kenbe fèm, menm si nou gen pou n mouri. Ma ban nou lavi pou rekonpans. Rev.2 :10

Dife tou Limen

Tom 9 Seri 4

Sèvitè Bondye nan Bib La

Avangou

Sèvitè Bondye nan Bib la

Nou pa ta finn wè rezon pou nou pale de moun sa yo piske sosyete a pa bay yo gran valè. Sèlman, si lèzòm bliye yo, Bondye pa bliye yo. Jou li pral renmèt kouwòn yo, li pral di: «Vini bon e fidèl sèvitè». Bib la pale nou de plizyè sèvitè. An nou bat pou nou pami sila yo ki pi bon an nan dènye jou a.

Lotè liv sa Renaut Pierre-Louis

8 jwen 2012

Leson 1 Eliézè, sèvitè Abraram

Tèks pou preparasyon an: Jen.15:1-6; 24:1-67
Tèks pou li nan klas la: Jen.15:1-2; 24: 1-8
Vèsè pou resitasyon: Li la priyè li di : « Senyè, ou menm ki Bondye Abraram, mèt mwen, tanpri, fè m jwenn jodia a sa map chache a. Moutre jan ou bon pou Abraram, mèt mwen. Jen.24:12
Fason ou fè leson an: Diskou, konparezon, kesyon
Bi leson an: Moutre rèspèk ak fidelite yon sèvitè pou mèt li.

Pou komanse

Eliezè! Premye fwa nou te tande non sa, se te nan yon konvèsasyon Letènèl tap fè ak Abraram. Lè saa, Bondye te pwomèt pou l proteje l e pou l beni l. La menm, Abraram profite pou l di l konsa:« Kisa wap bay mwen? Menm la, mwen pral mouri san m pa gen yon pitit pou eritye m. Mwen finn wè ke tout byen m pral rete pou Eliezè, gason lakou mwen.» Ki moun Eliezè te ye? Jen.15:2

I. Men idantite l.

1. Ki kote li soti: Li te pran tit jwif la ak Abraram, men se ti moun Damas li te ye, nan peyi Siri. Damas la se te vil ki pi ansyen anwo la tè. Li la jouk kounyeya.
2. Men sa li te konn fè:
    a. Eliezè te pitit yon sèvant Abraram. Men se Abraram ki èlve l la kay li. Jen.15:3
    b. Li si tèlman fè l konfyans ke li bay djòb trezorye tout byen li. Jen.15:2; 24:2
    c. Konsa, kan li wè ke li pap janm ka gen pitit, li ofri l a Bondye kòm moun ki pou eritye l. Jen.15:2
    d. Sèlman Bondye nan plan li, pat prevwa yon Siryen pou eritye kontra li pral fè ak Abraram nan.
    e. Eliezè te viv kole ak mèt li. Kan Bondye te bay Abraram yon pitit, ki rele Izarak, ti gason sa te vinn bon pou marye. Se Eliezè li te voye nan peyi l pou l te chwazi yon madanm pou li. Li di Eliezè pou l mete men sou kis li pou l fè sèman

ke li pap mennen Izarak pou wè fiy a e ke lap respekte desizyon sa. Eliezè te fè sa. Jen.24:9

II. Misyon Eliezè.
Li dwe ale an Mezopotami, peyi Abraram pou l chwazi fiy saa. Se yon fason pou di ke Abraram ratifye davans tout desizyon sèvitè l. Ki jan li pral fè pou l kenbe pawòl?
1. Li va pran tout reskonsablite a sou do l. Piske Abraram pa vle li mennen Izarak nan vwayaj la, li déjà fè sèman pou l respekte konsi n nan. Jen.24: 9
2. Li vwayaje ak tout trezò mèt li. Li pa gen okenn lide pran kòb sa yo pou l mete yo La Bank sou non pa l. Jen.24:10
3. Li rele Bondye pou gide l nan demach li yo. Kan Bondye reponn li, li beni non l li adore l. Jen.24:12-14, 48
4. Li di bon bagay de mèt li devan tout moun. Jen. 24: 34-35
5. Kan li pale de Abraram ak Izarak, kit se devan yo, kit se dèyè do yo, li rele yo senyè pou moutre ke li gen anpil respèk pou yo san okenn ipokrizi. Jen.24: 9, 12, 65
6. Li pale ak Betyèl, papa fiy a; li di li bi vwayaj li. Jen.24:39-44. Betyèl se te kouzen Abraram.
7. Ni paran yo, ni fiy ya te dakò pou fiyansay la ka fèt. Jen.24:50
8. Depi misyon li akonpli, li pa rete nan bay blag. Jen.24:56
Apre Izarak ak Rebeka finn marye, LaBib pa janm pale ankò de Eliezè. Nou sèlman sonje ke li te viv tankou yon bon ak yon fidèl sèvitè.

Pou fini
Bat pou nou fidèl tankou Eliezè pou Jezi kap fè nou konpliman nan dènye jou a.

Kesyon

1. Ki moun Eliézè te ye? Sèvitè Abraram

2. Ki te nasyonalite l? Yon jwif siryen.

3. Ki djòb li kay Abraram? Trezorye

4. Ki misyon Abraram te konfye l? Pou l ale nan peyi l chwazi yon madanm pou pitit li Izarak.

5. Ki jan li te fè misyon saa?
    a. Li mande Bondye sin
    b. Li mache ak tout byen mèt li.
    c. Li fè konesans ak Rebeka, pitit fiy Betyèl, yon kouzen Abraram.
    d. Li mete paran fiy a okouran de bi vwayaj li.
    e. Paran yo ak fiy a dakò pou maryaj la.

6. Tcheke ki sa nou kapab admire nan Eliezè?
    __Li bat pou l pran tout kòb mèt li pou l pati avè l.
    __ Li pale byen de Abraram
    __ Li fòse Rebeka pou l sove avè l san paran l pa konnen.
    __ Li moutre anpil respèk pou Abraram ak Izarak.

Leson 2 Araron, sèvitè Moyiz

Tèks pou preparasyon: Egz.4:13-17; 5:1; 18:2-4; 28:1-2; 32:1-25; No. 12:1-15; 16:47-48; 20:24-28; Le.10:1-7
Tèks pou li nan klas la: Egz.32:1-6
Vèsè pou resitasyon: Araron pa pral antre nan peyi mwen promèt pou m bay moun pèp Izrayèl yo. Mesye pral mouri, li pral jwen moun li yo ki te mouri anvan l yo, paske nou tou de, nou pat fè sa mwen te ban nou lòd fè bò sous dlo Meriba. No.20: 24
Fason ou fè leson an: Diskou, konparezon, kesyon
Bi leson an: Raple tout moun ke premye devwa yon kretyen se obeyi Bondye.

Pou komanse

Ki pi bèl bagay pase sa, pou se rou kap akonpayen ti frè w nan gwo pozisyon nan lasosyete ? Se te pozisyon Araron akote ti frè l' Moyiz.

I. Li te bra dwat Moyiz nan ministè l.

1. Bondye te bay li djòb entèprèt pou ede Moyiz devan Fararon paske li te beke. Egz.4:14-17
2. Li te kore l devan Fararon pou l te fè gwo mirak ak gwo mèvèy. Egz.4:30
3. Li te vini premye sakrifikatè pami pèp Izrayèl la. Li te moutre li gran kant li tap mande Bondye padon pou moun ki tap fè li mal. Vrèman, Bondye te tande l e li te sispann touye mechan yo. Egz.28:1-2; No.16: 47-48
4. Se poutèt sa, kan pèp la te vle mete li menm ak Moyiz atè, Bondye fè ke se baton Araron an ki pouse flè, li kite pa lèdmi yo chèch jan yo te ye a. Sa vle di se Araron li bay pouvwa a. No.17: 7-8

II. Pwen fèb Araron.

1. Li te yon sèvitè toleran.
   a. Li te kite pitit li yo Nadab ak Abirou fè sa yo vle. Yo vini devan Bondye ak pwòp bwa dife yo pou brile ofrann yo. Bondye touye yo lamenm pou repwoche tolerans Araron. Le.10:1-2
   b. Sak vinn rive, Bondye pat pèmèt li asiste a lantèman ti mesye sa yo, paske onksyon Bondye te sou li, li pat gen dwa kite lye rankont la ak Letènèl. Le.10: 3-7
   c. Menm la ankò, yo pa kapab moutre ke yo fache, pou yo al fè manifestasyon. Le.10: 6

2. Araron te lach tou
   a. Pandan Moyiz te nan seminè pou 40 jou nan pye Letènè, sou mòm Sinayi a, pèp la mande Araron pou fè kòmand yon lòt dye pou yo. Pouki sa ? Se paske Moyiz te yon dye pou yo, li rete fè twop tan deyò.
   b. Ki moun nou kwè pèp la rele pou fabrike dye yo ? Araron! Bondye pat pini l menm lè a. Na bay nou rezon an pita. Egz.32:1-6
   c. Kan Moyiz repwoche l kondit li, li lage chay la sou do pèp la. Egz.32: 21-25
   d. Li dakò se li ki te fè ti bèf anò a, men li pa janm di Moyiz se li ki te pran pòt vwa pou di pèp la: «Demen, gen gwo fèt pou Letènèl devan ti bèf la.» Egz.32: 5

3. Li te yon sèvitè ki gen kè nan men.
   Kan Moyiz te fè kolè ak pèp la nan sous Meriba, se li sèl tout moun te wè. Epoutan Bondye jije ni li, ni Araron kòm rebèl. Men sa ki lakòz ak lòt bagay ankò ki fè yo toulede pap antre nan Kanaran. No.20: 10-12, 24

4. Li te rasis.
   Moyiz te gen 2 pitit li te fè ak Sefora, premye madanm: Gèchon ak Eliezè. Nou pa konnen sa 3 moun sa yo te devni. Nou sonje sèlman ke Moyiz te kite ak Sefora e nou pa wè yo te janm rekonsilye. Egz.18:2-4

Kounyeya, nou wè Moyiz gen yon lòt madanm. Men fwa saa, se te yon fanm nwa. No.12:1
Men pou ki rezon Araron mete ansanm ak sè li Mari pou bay Moyiz yon koudeta! No.12: 2. Bondye frape Mari ak yon lèp nan tout figi l. Sa lakòz li te rete nan izòlman pou 7 jou san li pa gen dwa wè moun. Se Moyiz ki ale mande Bondye gras pou li. No.12:13-15 Li pat manyen Araron. Men misye mèt tann.

III. Ki jan Araron mouri.
Tou pa misye rive. Li pral mouri san malad. Tou senp senp, Bondye mande l pou l dezabilye l, pou l renmèt rad sakrifikatè a Eleaza. Li di Araron, mache pou al mouri pou dezòbeyisans ou nan figi m nan sous dlo Meriba.» No.20:24-28

IV. Leson nou tire nan sa
    a. Lè fanmiy nou nan pwoblèm nou dwe sipòte yo.
    b. Si nou renmen ti moun nou tout bon, nou dwe gen kouraj pou obsève yo, pou nou elve yo nan krent pou Bondye. Si yo fè yon moun mal, yo dwe pou repare l e nou kap ede yo tou repare l paske se fanmiy nou ye.
    c. Bondye tolere kèk moun nan legliz pou kenbe plas tann moun ki gen krent pou li yo kap vini.
    d. Bondye chwazi ki lè pou l pini tout mal. Pa tronpe tèt nou. Mete bab nou alatranp. Lè yap plimen kodenn, poul pa ri.

Pou fini
Pran prekosyon nou nan fason nap sèvi Senyè a. Ni rekonpans la, ni chatiman an chita la. Wa degaje w.

Kesyon

1. Di tou sa ou konnen de tanperaman Araron.
2. __ Li te gran frè Moyiz __ Li te toleran __ lach__ __ li gen kè cho __ li te rasis
3. Di tout kalite nou jwen nan li.
4. __ Li te sakrifikatè __ li te fòjon __ li te konn pale byen __
5. Moutre ki jan Bondye te pran pasyans ak Araron
    a. Lè li te fè ti bèf anò a, ak lè li te dezobeyi nan sous dlo Meribaa, Bondye pat pini l lamenm.
    b. Li pat pini l tou menm lè ak Mari, menm si yo te koupab pou menm bagay la.
6. Pouki li te pale mal Moyiz?
7. Paske li te marye ak yon moun nwa.
8. Ki moun Bondye te pini nan lè saa?
9. Mari, gran sè Moyiz.
10. Ki jan Araron mouri?
11. Bondye degrade l de pouvwa li kòm sakrifikatè, li pase wòl sa a pitit li Eleaza.
12. Ki leson nou tire nan la vi Araron?
    a. Nou dwe sipòte manm fanmiy nou lè yo nan pwoblèm.
    b. Nou dwe blame pitit nou yo pou move kondit yo nan zafè Bondye.
    c. Bondye padonen moun ki mande l padon, men pou moun ki pa repanti, pinisyon yo la, yo mèt ret tann.

Leson 3 Josué, sèvitè Moyiz

Tèks pou preparasyon: Egz.17:8-16; 24:13; 32:17; 33:11; De.1:38; 31:1-13; Jo.2:1; 24:1-5
Tèks pou li nan klas la: De.31:1-9
Vèsè pou resitasyon: Apre sa, Moyiz rele Jozye, li pale avè l devan tout pèp Izrayèl la, li di l konsa: Mete gason sou ou! Se pou ou vanyan! Paske se ou menm ki pral alatèt pèp la pou l antre pran peyi Senyè a te fè sèman lap bay zansèt yo a. De.31:7
Fason ou fè leson an: Diskou, konparezon, kesyon
Bi leson an: Pale de yon sèvitè ki merite pwomosyon.

Pou komanse
Si Moyiz ta gen pou l fè yon diskou pou l onore yon sèvitè fidèl, pou l ta menm medaye l, nou fin devinen ki moun avan li finn pale. Se de Jozye ki te sèvitè l pandan karant an.

I. Ki moun Jozye te ye?
1. Li te yon chef lame. Nou wè li nan batay pou la premyè fwa lè Amalèk te vinn goumen sanzatann ak Izrayèl. Ki konesans ekstraòdinè sa? Li goumen kont lèdmi an depi maten jouk aswè. Egz.17: 12-13.
2. Kant li te kanpe anfas vil Jeriko, li pat pè mande goumen a yon chef lame ki te rale manchèt sou li. Li pat konnen si chef sa se te lanj Letènèl. Epoutan, se lanj sa ki bay li plan batay pou l te pran Jeriko. Jo.5:14; 6:1-10
3. Li te sèvitè Moyiz. Ed de kan li.
   Li te sansib pou mèt li. Sonje li te rete a dispozisyon Moyiz pandan tout karant jou yo li te pase devan Bondye nan pye mòn Sinayi. Egz.24: 12-13; 33:11
4. Li te yon sèvitè ki te gen gwo lafwa.
   Kan tout Izrayèl te apiye koudeta kont Moyiz, se Jozye sèl ak Kalèb ki te kanpe ak Moyiz. Li kwè ke Bondye ap bay yo Kanaran e yap mete pitit Anak yo deyò. No.14:4-9
5. Li te yon ranplasan diy pou Moyiz. Moyiz fè yon gwo sèvis devan tout Izrayèl pou lonmen Jozye kòm ranplasan li. De.31:7

Li tire pwose vèbal seremoni saa e li bay yon kopi a sakrifikatè yo ak ansyen yo. De. 31: 7-9
6. Yon sèvitè ki gen vizyon ak desizyon.
Se li ki va gen pou egzekite lòd Letènèl pou antre pèp la nan Kanaran. Sa Moyiz pat fè nan karant an, li fè l nan twa jou. Kan li fini, li bay chak tribi yo posyon tè yo.
7. Yon sèvitè ki sensè, ki onèt. Olye li fè yon fèt de dedikas pou tout konkèt sa yo, li te prefere ofri pèp la pou l chwazi Letènèl. Jo.24:15

Pou fini

Se pou nou tire leson nan erè moun ki te la avan nou pou nou pafè menm fòt sa yo. Na kite bon egzanp pou sila yo kap vini an. Yon jou nap jwen rekonpans nou. Nou va gen yon gran jwa ak tout moun ki te aprann de nou.

Kesyon

1. Ki moun Jozye te ye?
   Sèvitè Moyiz
2. Ki sa ki te moutre l atache a Moyiz? Li te rete nan pye Mòm Sinayi a pandan 40 jou ap tann lòd Moyiz mèt li.
3. Ki te tanperaman l? Li te anropye l, li pat pè anyen.
4. Ki bon kalite nou jwen nan li ankò?
   Li te gen gwo fwa, li te onèt, li te gen vizyon.
5. Moutre ki jan li te fouge?
   Li fè nan twa jou sa Moyiz pat fè nan karant an
6. Koman l te abòde chef lame a ki te vin rankontre avè l la?
   Li pat fè kapon devan l
7. Ki jan Moyiz te fè seremoni pou grade l.
   a. Li bay deklarasyon an devan tout moun.
   b. Li pibliye l tankou yon lwa.
   c. Li te bay yon kopi a chak chef yo nan peyi Izrayèl.

Leson 4 Samyèl, sèvitè sakrifikatè Eli

Tèks pou preparasyon: 1S.1: 1-28; 2: 12-36; 3: 1-21; 13:14; 15:18-28; 16:12-24; 28:11-19
Tèks pou li nan klas la: 1S.3:1-10
Vèsè pou resitasyon: Senyè a vini, li kanpe, epi li rele l jan l te fè anvan an: «Samyèl! Samyèl! Samyèl reponn: Pale non! Sèvitè ou la ap koute ou!» 1S.3:10
Fason ou fè leson an: Diskou, konparezon, kesyon
Bi leson an: Moutre ki travay Bondye kap fè ak yon moun ki konsakre a li tout bon vre.

Pou komanse
Ki moun ki ta kwè ke Ofni ak Fine, 2 gason Eli yo pa tap ranplase papa yo kòm sakrifikatè? Epoutan se ti Samyèl Bondye te chwazi. Kisa ki te fè l kalifye?

I. Li te konsakre a Bondye depi nan vant manman l
1. Samyèl tap sèvi nan lotèl devan Letènèl 1S.2:18
   a. Tou dabò, li tap fè èstaj. 1S.2:18
   b. Answit kòm senp sèvitè apre li te resevwa revelasyon Bondye. 1S.3: 10-17
   c. Pou fini, li te pwofèt e sakrifikatè nèt ale kan Eli ak toulede gason l yo te mouri. 1S.3:12-14; 19-21

2. Se nan tanp Letènèl li te dòmi leve
   a. Se la li te dòmi akote Lach la. Konsa, si Bondye vle pale avè l, li déjà tou prèt pou l koute. 1S.3:3 Pou byen di, se te fason sa Bondye te konn pale ak sèvitè l yo nan tan saa.
   b. Lè Eli te la, li te obeyi l san rejenbe. Li pa te janm swiv move egzanp ti mesye l yo. 1S.3: 17-18
   c. Letènèl pat depasyante pou l rele l 4 fwa jiskaske li konprann vwa l. Epoutan li pat pale ak sakrifikatè Eli ki te dòmi nan lòt chanm nan paske li pat dakò ak li akòz li te tolere ti moun li yo nan dezòd. 1S. 3:1, 8-11, 13

II. Se li ki te ranplase Eli
1. Li te déjà konn djòb pwofèt ak sakrifikatè a kan Eli te komanse gran moun. 1S. 3: 19-21
2. Pita nou wè li revoke wa Sayil, li mete David ki gen krentif pou Bondye nan plas li. 1S.13:14; 15:28; 16:12-14
3. Menm lè li mouri, Bondye bay valè a pawòl li te di avan l kite latè. 1S.15: 18-19, 26; 28:11-19
4. Li deside lanmò Sayil paske wa sa tal rele lespri li nan Tabtounant, kay yon bòkòyèz nan ti bouk Andò.
1Sa. 28: 16-19

III. Ki sa nou dwe sonje de Samyèl.
1. Li te bay bon egzanp kòm sèvitè ki te pi atache a Bondye ke a mèt li sakrifikatè Eli. Onksyon Bondye te toujou sou li, piske, menm pou l dòmi, li te prefere kouche kole kole ak lach la.
2. Li te bay nou egzanp yon sèvitè ki te mache dwat paske milye a te mèt kòronpi, li menm li pat kòronpi pou sa.
3. Li te devlope kalite èspirityèl ki te ranfòse otorite l sou pèp la e menm sou wa Sayil ki te premye wa nan peyi Izrayèl.
4. Bondye pa rele moun ki déjà kalifye. Li kalifye moun li rele pou travay li.

Pou fini
Pran Samyèl pou modèl. Ya respekte w menm sou kadav ou.

Kesyon

1. Koman yo te rele de pitit Eli yo? Ofni ak Fine.

2. Ki kondit yo te genyen? Yo te gen madichon

3. Ki kondit Samyèl? Li te konsakre a Bondye

4. Ki kote li te dòmi? Nan tanp la, akote Lach la.

5. Pouki sa Bondye te pito pale a Samyèl?
   a. Paske se li ki te pi dispoze koute vwa Bondye.
   b. Paske sakrifikatè Eli tap tolere pitit li yo nan vis.

6. Ki travay Samyèl? Li te pwofèt ak sakrifikatè tou. 7. Ki sa Samyèl fè nou sonje?
   a. Yon kretyen dwe prèt pou koute vwa Bondye menm lè li nan dòmi.
   b. Nou dwe fidèl a Bondye toutan.
   c. Bondye ka rele nou pou sèvis li san nou pa konnen anyen. Li bezwen sèlman ke nou obeyisan.

Leson 5 Tsiba, sèvitè Mefibochèt

Tèks pou preparasyon an: 1S.20:14-16; 2S. 9:1-13; 16:1-4; 19:24-30; 1Ti.5: 24-25
Tèks pou li nan klas la: 2S.9:1-13
Vèsè pou resitasyon: Konsa tout, tou byen yon moun fè gen pou parèt aklè, menm sa ou pa wè lapoula. Yo pa ka rete kache. 1Ti.5: 25
Fason ou fè leson an: Diskisyon, konparezon Kesyon
Bi leson an: Moutre ke lè yon sèvitè trayi mèt li, se yon tach kap mal pou soti sou do l.

Pou komanse
Kan David te vin wa nan peyi Izrayèl, li pa janm bliye ke li te fè yon sèman a zanmi li, Jonatan, pou l fè di byen a moun kay li. 1S.20:14-16, 42 Lè tout bagay te mache byen pou li, li poze kesyon sa a ot vwa :
«Eske gen moun kay dèfen wa Sayil ke mwen poko fè dibyen, jis pou m respekte sa mwen te di a zanmi m dèfen Jonatan? 2S.9:1

I. **Sete komsi li te voye komisyon bay moun ki te la.** La menm yo prezante l yon nonm yo rele Siba. Li te sèvitè Mefibochèt, pitit dèfen Jonatan. Nonm sa te kokobe nan toulede pye l. 2S.9: 3
David deside fè l rich e li pran Siba kòm kontab pou regle zafè lajan l. Se te komsi David te renmèt yon kofrefò lajan ak tout kle bay Siba.

II. **Tsiba te yon sèvitè priviléjié.** Li te benefisye alèz tout favè wa David te bay Mefibochèt. 2S.9: 1-13
1. Si w byen vle gade, Siba te gen 15 pitit gason ak 20 sèvitè. Tout jwen djòb pou yap souse anba Mefibochèt. 2S.9: 10
2. Siba pat gen okenn travay lakay pou l te fè pou mèt li Mefibochèt, piske wa David te mande pou nèg sa vinn manje kay waa chak jou. 2S.9:13

III. **Men Siba, te yon sèvitè engra e mechan.**

Nan tan saa, Absalon pitit David te revòlte kont papa l. Li mete dèyè do l tout ansyen patizan dèfen wa Sayil pou l al goumen kont wa David.

La menm Siba profite pou l monte yon kou kont Mefibochèt. Li wè ke si l fè touye Mefibochèt ki pitit piti wa Sayil, tou byen nonm sa ap vinn jwen li. Se konsa li ale kote wa David ak kèk pwovizyon e li fè yon kout lang kont Mefibochèt. Li di wa konsa ke Mefibochèt gen lide kandida pou li wa nan plas li. Wa David te pran vre, e li di Siba pou l pran tout swit tout byen Mefibochèt.

2S.16:1-4

IV. **Bondye restore Mefibochèt nan entimite waa.**

2S 19: 24-30

1. Kan Bondye fè batay la soti anfavè David, men Mefibochèt ki vinn jwenn ak waa. Wa poze l kesyon pou l mande l pouki sa li make l fwadè. Li pa di wa yon mo pou defann li; li fè konfyans a sajès waa pou se li menm ki dekouvri rezon akizasyon ki fèt kont li.

2. Setalò ke wa a mande pou byen yo li te bay Sibaa kap pataje ant Siba ak Mefibochèt. Mefibochèt, te prefere pedi tou byen yo tan pou l te pèdi amitye waa ou byen ke wa a te pèd li konfyans.

Pou fini

Konbyen sèvitè nou konnen ki fè tankou Siba? Sonje byen ke byen malaki pa janm profite. Sonje tou, gen yon jou pou jijman devan Bondye.

Kesyon

1. Ki moun Siba te ye? Sèvitè Mefibochèt
2. Ki moun Mefibochèt te ye? Pitit dèfen Jonatan
3. Ki jan li te ye? Li te kokobe
4. Ki te entansyon wa David? Fè dibyen a moun nan ras Jonatan
5. Ki moun ki te gen privilèj jere byen Mefibochèt? Siba
6. Ki sa Siba te fè pou l te pran byen sa yo? Li bay Mefibochèt yon kout lang devan wa David.
7. Ki lè li fè sa? Kan Absalon te revolte kont papa li, wa David.
8. Ki moun ki sove Mefibochèt? Lamen Bondye
9. Ki sa David te fè nan ka saa? Li separe byen Mefibochèt yo ak Siba.

Leson 6 Elisée, sèvitè pwofèt Eli.

Teks pou preparasyon: 1Wa. 17:1; 19: 16-21; 2Wa.1:3-11; 3:11, 13; 5:9; 2Wa .2:1-11; 6: 31-33; 7:2
Tèks pou li nan klas la: 1Wa.19:19-21
Vèsè pou resitasyon: Li frape dlo a ak rad ki te soti sou zepòl l Eli a, e pi li di byen fò: Kote Senyè a, Bondye Eli a? Li frape dlo a yon dezyèm fwa ak rad Eli a. Dlo a fann de bò. Elize janbe lòt bò larivyè a. 2Wa.2: 14
Fason ou fè leson an: Diskisyon, konparezon, kesyon
Bi leson an: Moutre ki jan Bondye rekonpanse moun ki fidèl.

Pou komanse
Pa gen yon bagay ki fè yon dwayen pi fyè ke lè se etidyan li fòme ki vinn ranplase l. Pwofèt Eli te gen privilèj saa. Li te gen yon etidyan kòrèk nan Seminè li a nan Monkamèl. Yo te rele l Elize.

I. Elize te si tèlman admire pwofèt la ke li te vle imite l nan tou bagay
1. Li pat pale anpil menm jan ak mèt li. Sèlman, kan Eli pale, se veye kò w. Nou wè ki jan pwofesi li yo tonbe daplon sou tèt wa Akab ak madanm li rèn Jezabel. 1Wa.17: 1.
   Elize fè menm jan tou. Yon jou te gen yon gwo gran gou ki pete nan vil Samari. Elize di ke demen ap gen manje a gogo. Ofisye wa Samari a meprize sa li di a. Li di ofisye a konsa : « Ou va wè l ak de grenn je w, men se pa rou kap manje ladan ». Sa te fèt vre. 2R. 7:2
2. Li te radi tankou mèt li. Gade sa Eli te fè: Kant wa Akazia te soti anwo yon balkon li tonbe anba, pye l kase. Wa saa voye moun kay bòkò nan peyi Ekron pou pale ak Belzebil, pou konnen ki moun kap manyen avè l. Pwofèt Eli ale bare mesaje yo nan wout pou di yo konsa: «Eske se paske pa gen Bondye nan peyi Izrayèl pou nou ale kay bòkò?» 2Wa.1: 3-4
. Eli komande loray pou boule tout si la yo wa te voye arete l pou mo sa l te di la. 102 solda pèdi la vi yo anba kout loray. 2Wa. 1: 9, 11

Elize fè yon bagay preske konsa tou kont yon ofisye wa Joram kite vin pou arête l. 2Wa. 6:31-33

3. Li eritye fwa mèt li. Tankou Eli, li travèse flèv Jouden an a sèk tandis ke te gen la 50 anfan de la promès, yo te pè fè eksperyans saa. Yo te kanpe lwen. 2Wa.2:7-8
4. Li te vle gen 2 fwa pisans mèt li. 2Wa.2:9 Li te reyisi genyen l vre. (Ale gade nan Dife tou Limen, Tome 4 Seri 3 Leson 11 pou detay yo.)
5. Li te vle gen menm prestij ak mèt li. Se ki fè li te mande l pou kite manto a pou li pou l eritye l. 2Wa.2: 13-14
6. Li kite tout bagay pou l swiv pwofèt la kote l pase. 1Wa.19:19-21
7. Li rete atache a pwofèt la jouk Bondye pran l tou vivan. 2Wa.2:2, 4, 6, 11

II. Ki rekonpans li te genyen

1. Li te reyisi gen 2 fwa pisans Eli e lamenm tou, li te angaje l nan sèvis pou Bondye.
2. Tout wa yo nan peyi Izrayèl te rekonèt otorite l. Yo te konsilte l sitou lè yo nan pwoblèm. 2Wa.3:11-18

Pou fini

Ki pi bèl anbisyon yon moun ta kap genyen pou w eritye tout vèti de yon nonm ki gen la fwa nan Bondye? Nap mande Bondye pou l bay nou etidyan tankou Elize nan Seminè ak Lekòl biblik nou yo.

Kesyon

1. Ki moun Elize te ye? Yon etidyan, yon sèvitè nan Seminè pwofèt Eli.
2. Kisa li te toujou gen nan tèt li? Pou l pi fò pase mèt li.
3. Nan ki sans yo te sanble? Toulede te trankil, radi, e gen la fwa anpil nan Bondye.
4. Ki te yon kalite patikilye li te genyen kay li?
   Li te fidèl a mèt li, li te gen anvi konnen ak anvi rann sèvis.
5. Ki jan Bondye te rekonpanse l? Li te bay dwa fè de fwa plis mirak ke pwofèt Eli.
6. Tcheke bon repons yo:
   Nou trouve pisans Eli a
   a. Nan manto a
   b. Nan konsekrasyon l nan sèvi Bondye
   c. Nan liv ki nan bibliotèk seminè a
   d. Nan Sentespri Bondye.

Leson 7 Jan Batis, chef deboukmann Jezikri

Tèks pou preparasyon. Mat. 3:1-12; 11:1-12; Mak.6:14-29; Lik.3:14; Jan.1:29; 3:30

Tèks pou li nan klas la: Mat.3:1-12

Vèsè pou resitasyon: «Sa map di nou la a se vre wi: Nan tout moun ki fèt sou latè, pa gen yonn ki pi konsekan pase Jan Batis.» Mat.11:11a

Fason ou fè leson an: Diskisyon, konparezon kesyon

Bi leson an: Fè konpliman a tout sèvitè ki pa divize legliz Bondye.

Pou komanse

Nou pa wè sa bèl pou rou menm ki finn prezante yon moun, pou se moun sa ki vinn pou prezante w tou? Eske se wòl yo ki chanje? Pouki sa Jezi te leve Jan Batis byen wo devan tout moun nan sosyete a?

I. Paske l te yon sèvitè ki te imilye l devan Bondye.

1. Depi nan fason li tap leve Mesi a byen ro devan tout moun, nou te ka wè li te gen imilite. Li di konsa: «Moun nan kap vini apre m nan, li tèlman gran, ke mwen pa gen valè pou m ta bese demare lasèt soulye l.» Mat.3:11
2. Fason li te abiye tou malfagote te tankou yon souflèt pou yon sosyete ki te kwè nan pouvwa, nan prejije, ak nan byen materyèl. Mat.3:4

II. Paske li te yon sèvitè brav

1. Li pat pè pale ak solda women yo ak radiyès lè lap pale yo de Jezikri. Lik.3:14
2. Li pa begeye kant lap repwoche wa Eròd pou bagay sal li tap fè nan sosyete a. Mak.6:18
3. Li pa repwoche Senyè a pou fason li pral mouri. Li pa doute de pisans li. Sèlman, pandan li te nan prizon an, li tap tande pale de mirak Jezi tap fè yo. Li te kwè Jezi ta dwe fè yon mirak pou lage l. Se sa nou te kap konprann lè nou li Lik. 7:20

III. Paske li te yon korespondan onèt
Li wè Jezi kap pase e la menm, li di disi-p li yo:«Men mouton Bondye a ki vin pou efase nou tout.» Jan.1:29
1. Se li ki kanpe nan pòt ant Ansyen Tèstaman ak Nouvo Tèstaman an. Li se dènye pwofèt pou anonse Jezikri ak yon mesaj ki boulvèse tout moun. Mat.3: 10
2. Li te yon sèvitè sensè. Li renmèt Jezi tout disip li yo; li pa janm di Jezi li bay demisyon l pou moun al swiv li, pou l louvri yon legliz akote. Li di ak bouch li pou moun pa pran l pou epou a. Li menm se zanmi lepou a. Li vle di ke se pa li ki pastè a. Jan.3:29
3. Jezi te fyè de li. Li mete l piwo pase tout filozòf ak tout savan. Mat.11:11

IV. Ki sa nou kap aprann de Janbatis?
1. Jan Batis aprann nou ke se pa rad ak soulye, ak relasyon ki bay valè, men se karaktè yon moun.
2. Lè Bondye voye yon moun, li pa vle li nan rakonta ni nan pale anpil. Li vle sèlman ke ou obeyi l.
3. Jan Batis pat janm fè okenn mirak. Epoutan, Jezi mete l anwo tout moun ki soti nan vant fanm. Mat.11:11
4. Li te viv tankou yon bon sèvitè. Li mouri menm jan an. Bondye resevwa l nan syèl la tankou yon pwens.

Pou fini
Fè atansyon pou sèvis nap rann legliz la pa yon kanpay nap mennen pou divize legliz Bondye. Jwèt sa ap pote wont nan figi w ak fanmiy ou e li va koute w tro chè nan jou jijman an. De preferans, konfòme w jiskaske ou resevwa konpliman nan men Jezikri nan jou jijman an.

Kesyon

1. Ki moun Jan Batis te ye? Chefdeboukmann Jezikri

2. Ki wòl li? Fè tout moun fè konesans ak Jezikri
   Li prezante l
   a. Tankou mouton Bondye voye a pou wete peche nou
   b. Tankou yon moun li pat konpetan pou delase soulye l.
   c. Tankou zanmi Lepou a

3. Ki sa Jezi te felisite nan sèvitè saa?
   Kouraj li, fidelite li, imilite li ak gran kè li.

4. Ki moun li te bay mesaj repantans la?
   Erod, sòlda women yo, farizyen yo, sadiseyen yo, tout pèp la.

5. Tcheke tout sa ki te fè pale de Jan Batis tankou yon moun ki te gran:
   a. Li te fè anpil mirak.
   b. Li te pale an lang
   c. Li te konn pale byen
   d. Il tap dirije yon gran legliz
   e. Li te gen imilite, fidelite ak kouraj

Leson 8 Yon wa ak 3 kontab yo

Tèks pou preparasyon. Mat.25 :15-25
Tèks pou li nan klas la: Mat.25: 24-30
Vèsè pou resitasyon: Kanta domestik ki pa vo anyen an, jete l deyò nan fènwa a. Se lè sa va gen rèl, se lè sa a va gen manje dan. Mat.25:30
Fason ou fè leson an: Diskisyon, konparezon, kesyon
Bi leson an: Egzote nou pou nou sèvi ak talan nou pou fè travay Bondye mache.

Pou komanse

Tout wa yo nou konnen yo gen yon istwa èspesyal pou rakonte, swa nan bèl bagay ou nan move bagay yo te fè. Sila tout diferan. Avan li pati pou yon gran vwayaj, li prevwa chwazi moun ki pou jere byen l. Ki sa l te fè?

I. Li bay chak moun jere yon pati.
1. Li pran 3 sèvitè l pou l fè sa. Mat.25: 14
2. Li bay yonn 10 talan, yonn 5 e yonn li bay yon sèl. Mat.25: 15
3. Li te bay yo talan sa yo dapre kapasite yo chak te gen pou jere yo.

II. Li bay yo talan yo ak tout dwa pou yo deside fason pou administre yo.
1. Li sèlman di yo: «mwen soti, m pa la.» Konsa yo chak ka deside sa yo vle dapre eksperyans yo ak konsyans yo.
   a. De (2) premye yo travay di pou bay randman. Mat.25:16-17
   b. Yo te vle bay mèt la prèv de valè yo pandan li pat la.
   c. Yo vini ak rapò byen ekri ak tout resi yo bay mèt la.
   d. Kanta twazyèm nan, li kache talan li anba tè epi li vini ak yon kòlonn eskiz, ak akizasyon e menm mo pou joure mèt la volè.
   e. Li moutre ke li te parese, neglijan e li te jalou de tout

pwogrè lot yo te fè. Mat.25:24-25

III. Mèt la rekonpanse yo daprè sa yo merite.
1. Mèt la fè konpliman a de premye yo e li bay yo privilèj dapre randman yo te bay.
Mat.25: 20-23
2. Twazyèm nan pèdi tout konsiderayon Mèt la. De preferans, li te resevwa repwòch, revokasyon ak yon desèpsyon devan tout moun. Mat.25: 26-30

IV. Ki sa twa sèvitè sa yo reprezante?
1. Sèvitè méchan, parese a reprezante Jwif yo ki te refize propaje pawòl Lalwa bay payen yo. Yo kache talan yo anba prejije, egoyis ak endiferans. Bondye se li menm ki waa ki te bay yo talan sa ke yo te kache a.
2. Lòt de sèvitè yo reprezante kretyen yo ki sèvi ak don yo pou fè travay mèt la avan li retounen.
3. Sèvitè fidèl yo te resevwa lonè ak rekonpans. Nou menm, nou mèt tann kouronn nou ak la vi etènèl ak Jezi nan syèl la.
4. Sonje byen ke gran voyaj mèt la, se delè Jezikri bay legliz pou l gen tan akonpli travay li avan l retounen.

Pou fini
An nou fè chwa nou depi kounyeya. Li poko two ta!

Kesyon

1. Ki moun wa nan parabòl la reprezante?
   Jezi ki bay talan a nou chak.
2. Ki sa gran voyaj la reprezante? Tan Bondye bay nou pou nou gen tan fè talan nou travay avan l retounen.
3. Ki sa li bay nou kòm pisans pou nou fè travay la?
   Li bay nou Sentespri a.
4. Ki moun de premye sèvitè yo reprezante? Kretyen ki fidèl nan travay la.
5. Ki moun sèvitè mechan an reprezante?
   Jwif yo ki pat bay lalwa a a payen yo pou yo te sa konnen Bondye tout bon an.
6. Ki rekonpans sèvitè fidèl yo te jwen? Mèt la double rekonpans yo ak reskonsablite yo.
7. Ki sa li te fè ak sèvitè méchan an? Li fèl wont devan tout moun e li te revoke l.

Leson 9 *Sèvitè initil*

Tèks pou preparasyon: Lik.17: 7-10; Ga.2:20; Ef: 2:8-10; Rev..7:15; 22: 3
Tèks pou li nan klas la: Lik.17:7-10
Vèsè pou resitasyon: « Se menm jan an tou pou nou, lè nou fin fè sa yo mande nou fè, se pou n di : Se domestik nou ye, nou fè sàn te dwe fè.» Lik.17: 10
Fason ou fè leson an: Diskisyon, konparezon, kesyon
Bi leson an: Se pou ankouraje nou sèvi Bondye san chèche avantaj pèsonèl.

Pou komanse
Pou jan lezòm renmen moun pale de yo, zafè sèvitè sa se pa yon tit moun renmen genyen. Pou byen di, ki moun yo rele sèvitè ?

I. Moun ki konnen ke yo pa merite okenn favè de mèt yo.
  1. Pou Sali a li bay nou gratis. Ayè, nou te esklav peche a, jodia li sove nou, li fè nou gras. Ep.2:8
  2. Pou pwoteksyon li bay nou gratis. Ayè nou te livre nan fè sa ki mal. Jodia li prezève nou pou nou pa chite. Mat.6: 13; Jid. 24
  3. Pou tout swen gratis. Ayè, nou te livre nou nan vi dezòd tankou anfan prodig la. Nou pat menm gen chans ke nou tap soti an vi. Jodia, Senyè a ak tout zanj yo kontan pou akèyi nou. Mat. 8:11
  4. Pou avni nou ki asire. Ayè nou te elwaye Bondye. Jodia, nou vin rekonsilye ak Bondye gras a san Jezikri. Ef.2:19

II. Sèvitè a se moun ki konsidere ke yo pa merite wòl lap jwe a. Ki wòl sa?
  1. Li reprezante mèt la ak tout pouvwa nan syèl la ak la tè a. Mat.28: 18
  2. Li kap wè mèt la e pale ak li san mete randevou, ni mete rad chè. Li kap pale ak li nenpòt lè e pou di l nenpòt bagay. Jan.14:14

3. Li kenbe mèt la konpanyen kote l pase pou l sèvi l. Mat.28:20

III. Sèvitè a se moun ki konsidere li pa merite eritaj yo li pral jwi a.

1. Li konnen ke gen yon jou li pap gen chay pou pote, ni doulè pou li soufri, ni dlo nan je pou siye ak soupi pou li pouse. Kris pral siye tout dlo nan je li. Rev.21: 4
2. Li pral pran promosyon kòm epouz pou chita a tab ak lepou a. Li pral wè l fas pou fas. Rev.22: 3
3. Li pral gen djòb pou li chita kòm jij nan tribinal pou jije 12 tribi Izrayèl la. Mat.19:28
4. Li konsidere sèvis lap rann Bondye isiba tankou se estaj lap fè pou sèvis li pral rann anwo nan syèl la. Rev.7:15

IV. Sa lap bat pou l evite:

1. La bat pou l pa chèche glwa isiba pou l pa pèdi glwa ak Senyè a anwo a. Mat.6:1-2
2. La bat pou l pa chèche vanjans isiba pou l pa pèdi rekonpans li yo anwo nan syèl la. De.32: 35; Rev 22:12
3. Li dwe sitou evite de fè bagay pou Bondye. Li dwe vle fè tout bagay gras a pisans Bondye nan li. Se Kris ki pou enspire l dapre sa ki nan lide l. Fil.2:13. Ef.2:9-10

Pou fini

Legliz nou yo boure ak moun kap travay pou fè moun wè. Se sa ki anpeche Levanjil la fè pwogrè pami nou. Mande Bondye pou nou gen imilite apòt Pòl ki te rive di «E kounyeya, si map viv, se pa mwen menm kap viv, se Kris kap viv nan mwen.» Ga. 2:20

Kesyon

1. Di ki lès nan yo ke nou kap rele sèvitè initil.
   __ yon voryen __ yon kreten __ yon sèvitè ki gen imilite __ yon parese
2. Tcheke ki lès nou rele sèvitè initil?
   Yon kretyen ki rekonesan a Bondye
   a. Sèlman pou byen materyèl.
   b. Pou Sali a ki gratis
   c. Pou la pè li jwen nan Bondye
   d. Pou proteksyon li jwen nan Bondye
   e. Pou avni li ki asire nan Jezi
3. Tcheke pi bon repons yo
   Yon sèvitè dakò ke li pa din
   a. Paske li gen tout pouvwa nan syèl ak la tè
   b. Paske moun kapab pale de li
   c. Paske li kapab pale ak mèt li nenpòt lè
   d. Paske li kap ansanm ak mèt li nenpòt kote.
4. Tcheke pi bon repons yo
   a. Sèvitè ki konnen li pa merite anyen an
   b. Kwè nan bonte mèt la pou padonen l
   c. Kwè nan jenerozite mèt la pou l gen gwo lo nan lotri.
   d. Kwe nan jenerozite mèt la pou bay li pwomosyon
   e. Kwè nan tout preparasyon mèt la pou li kap gen yon vi pi miyò.
5. Tcheke pi bon repons yo
   a. Sèvitè initil la pa chèchè bay tèt li glwa
   b. Li pa chèche vanje tèt li.
   c. Li pa fè pou Bondye, li kite Bondye fè nan li.

Leson 10
Thanksgiving ou Aksyon de gras
Réyaksyon twa sèvitè devan byenfè yo te resevwa

Tèks pou preparasyon: 1Wa.19:15; 2Wa.8:9-13; 10:32; 12:17 2Kro.24: 20-25; Som.1:1-6; Amos 1:4; Mat.25: 31-46; Jan.12:33; 13:5; Fil.2:5-8

Tèks pou li nan klas la: 2Kro.24:20-22

Vèsè pou resitasyon: Joas te bliye tou byen Jeojada, papa Zakari te fè pou li, li fè touye Zakari. Anvan Zakari rann dènye souf li, li di byen fò : « Se pou Senyè a wè sa ou fè la, se pou l pini ou pou sa.» 2Kwo.24:22

Fason ou fè leson an: Diskisyon, konparezon, kesyon

Bi leson an: Pou nou pran tan reflechi kan nou dwe pran desizyon kont yon byenfetè nou ki antò.

Pou komanse
Gen yon pwovèb alman ki di: «Rekonesans tankou pye ble. Li pouse sèlman nan bon tè.» Nou pral eseye l nan twa teren pou nou wè ki jan l grandi.

I. Premye teren: Wa Joas, yon sèvitè engra
1. Sakrifikatè Jeojada te antann li ak madanm li, pwensès Jocheba, pou li elve ti Joas nan kache pandan sizan pou rèn Atali pat touye l. 2Wa. 11: 2-3
2. Jou ki te fè l setan, sakrifikatè Jeojada ak tout delegasyon relijye yo pral sakre l wa. Nan menm tan sa, rèn Atali konnen, e lap vini pou l fè gwo bouch. Jeojada fè touye l tout swit. 2Wa.11:4, 13-16
3. Lè Jeojada te vin mouri, wa Joas bay Bondye do pou l al sèvi zidòl yo ak Astate. Men Zakari, pitit Jeojada ki vinn egzote l pou l tounen jwen Bondye pou byen pa l ak pou byen wayom li. Poutèt sa li fè touye l. Teren sa pa bon. 2Kwo.24: 20-22

III. **Dezyèm teren. Wa Azayèl yon sèvitè mechan.**
1Wa.19:15; 2Wa. 8:9; 12:17; Amos.1:4
1. Azayèl te vin ranplase Benadad kòm wa peyi Siri. 2Wa.8:13
2. Ki jan li te vin chita sou chèz boure a?
3. Wa Benadad te malad. Li voye Azayèl tankou bwa dwat li, al jwen pwofèt Elize pou mande l si lap refè. Pwofèt la fè l konnen ke waa pral mouri, e se li Azayèl ki pral ranplase l. 2Wa.8: 11-15
4. Pwofèt Elize pwofite okazyon sa pou l fè l konnen konbyen mechanste li pral fè pèp Izrayèl:
   a. Li pral mete dife nan gwo vil yo
   b. Li pral touye jen gason yo
   c. Li pral kraze ti moun piti yo
   d. Li pral fann vant fanm ansent yo. 2Wa.8:12
   Li di l tou sa, se te yon fason pou fè l reflechi pou l pat fè l. Wap betize!
   Kan Azayèl tounen jwen waa, li pran yon sèvyèt mouye li voye sou figi l pou l toufe l. Pouki sa li pa te tann waa mouri tou natirèlman? Li te byen konnen ke pa gen lòt kandida ki kap pase devan l. Se paske li te mechan. Teren sa pa te bon. 2Wa. 8: 7-15

III. **Twazyèm teren. Jézikri, yon sèvitè enb e fidèl**
1. Jézi se egzanp yon bon sèvitè
   a. Dapre imilite li depi lè li te fèt. Li te asèpte fèt nan yon pak zannimo omilye bèt yo.
   b. Dapre imilité pran l yo. Mari ak Josèf te pòv malere.
   c. Dapre imilite l pou l atire tout moun san prejije. Jan.12:32
   d. Dapre imilite l nan sèvis li rann disip yo : li bese pou lave pye yo. Jan.13: 5
   e. Dapre obeyisans li a Papa a. Li pa goumen pou l fè yo rele l Bondye, men li te depouye l de glwa li, li asepte mouri nan kondisyon ki pi imilyan an. Tout sa akòz de nou. Fil. 2:5-8
2. Sèvitè sa angaje nou nan diferan nivo. Li sèlman mande nou chak pou nou fidèl. E men li kap distribye djòb!

Li pa rele yo dyak, ni pastè, ni evanjelis, ni doktè. Li rele yo SÈVITÈ.
3. Nan Matye chapit 25 vèsè 42 a 46, Jezi mande nou pou nou pratike asistans sosyal a malere yo. Sinon, li pap fè nou konpliman, la va fè nou repwòch. Jiskela ankò, se tit SÈVITÈ a li kenbe.
4. Jezi peye rekonesans a sèvitè fidèl yo, men li gen chatiman chita la ap tann sèvitè méchan ak sèvitè parese yo.

IV. Sa yo te devni?
1. Joas, wa peyi Jida. Li te blese grav nan yon batay kont Siryen yo. Pandan lap plenn anba gwo soufrans, sèvitè li yo touye l sou kabann nan pou vanje lanmò Zakari, pitit Jeojada li te touye a. 2Kro.24: 25
   Yo te anterel nan vil David, men yo pat mete kadav li nan tonb kote wa yo tere paske li pat bon pou sa. 2Kro.24: 25
2. Azayèl, wa Siri. Tankou pwofèt Elize te di l, li te fè krim jis li debòde. Labib pa menm mansyonen ki jan l te mouri selon Sòm premye ki di:Li te tankou pay ke van charye jete byen lwen. Sòm.1:5
3. Jézu wadèwa. Bondye bay li pi gwo plas ak pi gran non e li fè tout pisans mete chapo ba devan l nan syèl, anwo la tè, zan y anba dlo e tout moun nan tout lang dwe reknèt li kòm Senyè pou bay Bondye glwa. Fil.2:9-11

Pou fini
Rekonesan se yon sin de grandè. Bat pou nou gen rekonesans.

Kesyon

1. Ki moun ki te sove ti Joas anba lanmò?
   Sakrifikatè Jeojada ak madanm li Jocheba
2. Ki jan li te rekonpanse tout sakrifis sa yo? Li te fè touye pitit gason moun ki fè l di byen.
3. Ki jan li mouri? Sèvitè l yo touye l sou kabann pou vanje Jeojada.
4. Ki moun Azayèl te ye? Bwa dwat wa Benadad
5. Ki dènye jès li fè a wa saa? Li toufe l ak yon sèvyèt mouye.
6. Ki jan li te mouri? Li te tankou pay van charye.
7. Ki moun Jezikri te ye? Pitit Bondye, Sovè le monn.
8. Ki sa li te devni? Bondye leve l byen wo depi sou la tè jouk nan syèl la kòm wadèwa, Senyè dè Senyè.

Leson 11   Fêt laBib
Bagay ki kache, bagay ki revele

Tèks pou preparasyon: Som.119:11; Mat.5:14; 13:11; 16:9; 18:18; 22: 31-33; Jan.1:17; Tra. 8:5-40; 1Ko.5:7; Ep.3:9; Kol.2:13-14; 1Jan.1:7; 1Jan.3:9; Rev. 5:8; 13:8

Tèks pou li nan klas la: Ef.3:1-12

Vèsè pou resitasyon: Gen bagay nou pa konnen, se bagay Bondye kenbe nan kè l pou li menm. Men bagay li fè, nou konnen yo, se bagay nou menm ak pitit nou yo pa dwe janm bliye pou nou ka fè tou sa li mande nou fè nan lalwa a . De.29:29

Fason ou fè leson an: Diskisyon, konparezon, kesyon

Bi leson an: Fè parèt devan nou kèk gran mistè ki gen nan Bib la pou edifikasyon nou.

Pou komanse
Eske nou kap pè di ke la Bib la se yon mistè li ye? Nèspa ke moun nan ki ekri l la se yon mistè? Sise konsa, li dwe gen ladan bagay ki kache ke se mèt li sèlman ki gen dwa pou revele nou yo. An nou fè yon rezime de sa nan leson saa.

I. Legliz se yon mistè.
Jézi rele l «mistè wayòm nan». Mat. 13:11
Lapòt Pòl rele l mistè ki te rete kache depi toutan nan Bondye» Ef.3:9 Li rele l ankò «mistè Jezikri a.» Ef.3:4

1. Legliz pa vini tankou yon bagay pou kontinye Lwa Moyiz la. Se de bagay diferan. Moyiz te vini ak Lalwa, Jezi vini ak lagras la ak Laverite. Jan.1:17
2. Li vini pou l kontinye Alyans pwomès la. Jezi pa janmen di:«mwen menm se Bondye Moyiz» men li di pito «Mwen menm se Bondye Abraram, Izarak ak Jakòb». Mat.22:32
3. Bondye rele tout ras moun kòm anfan la pwomès, men pa tankou obsèvatè Lalwa Moyiz la. Ga.3: 28-29;
Nan Tra.2:39, Bib la di ke Bondye gen pwomès la pou si la yo ki lwen an. Li vle pale de payen yo «ki toupatou nan lemonn antye.»

1. Twò ta bare Satan kan li vinn konnen ke Bondye mete Lèspri li sou tout chè, nan dènye tan saa. Se yon mwayen pou fè l pèdi dènye batay la. Jezi vinn chanpyon sou Satanledyab, sou le monn, lachè ak tout pisans lèdmi an. Se sa nou rele mistè Legliz la.

II. Lakwa se yon mistè

1. Jezi se ti mouton Bondye ke Bondye te chwazi depi avan monn nan te fonde e ke li pral touye ala fen de tan an nan plas nou. 1Ko.5:7; Rev.13:8
    a. Ki wòl kwaa. Se nan adrès sa Jezi avili Lalwa ki te kondanen nou an. Kris vini pou fè nou gras pou tout domaj Adan te lakòz la. Kol.2: 13-14
    b. Ki wòl san an. San ki vèsè a lave nou de tout peche ke nou konn fè akòz vye tandans tou natirèl ki lakay nou. 1Jan.1:7
    c. E pou li prezève nou de tout mal ak tout pisans malen an, li mete nan nou semans Pawòl Bondye a. Sòm.119:11; 1Jan.3: 9

III. Kle wayòm Bondye a se yon lòt mistè. Mat.16:19

Se pa kesyon de yon kle Jezi te renmèt Sen Pyè pou louvri pòt syèl la pou moun. Kle sa se mesaj Levanjil la ki la pou louvri pòt Sali a bay ni jwif ni payen yo dwa pou yo antre. Tout apòt yo ak tout kretyen legliz Bondye gen kle saa.
1. Pyè te sèvi ak kle sa pou ouvri pòt Sali a a jwif yo nan Jerizalèm nan jou fèt Pannkòt la. Tra. 2: 1, 41
2. Filip itilize menm kle saa pou ouvri pòt Levanjil la a moun nan vil Samari e a Enik etyopyen an, minis rèn Candas la. Tra.8:5-7, 26-27, 36-40
3. Pòl te itilize l pou ouvri pòt Sali a a payen yo nan le monn antye. Tra.9:15
4. E nou menn ki apòt Senyè a kounyeya, nap ouvri pòt Sali a a tout mounn nan tan pa nou an.

IV. Men lòt mistè ankò.

Nou rele yo «Privilèj kretyen»

1. Lakwa Kris la ki kache nan kè kretyen an. Li fè Limyè Levanjil la briye nan la vi l. Mat.5:14
2. Wayòm Bondye a andedan kretyen an. Lik.17:21
3. Legliz gen pouvwa pou l deside, pou l mare, pou l demare. Sa vle di : Sa legliz deside isiba, Bondye ratifye l nan syèl la. Sa vle di ke Jezi bay Legliz, fiyanse li, anpil otorite menm avan mariaj la fèt anwo nan syèl la. Mat.18:18
4. Se poutèt sa legliz gen dwa pale ak Bondye san l pa okipe l de ki distans ki gen ant syèl la ak tè a. Jezi te déjà peye apèl long distans yo sou la kwa kalvè. E kretyen an pa bezwen yon manedjè pou pale ak Bondye pou li. 1Ti.2:5
5. Li gen dwa antre e soti anba prela gras Bondye san anyen pa enkyete l. Sòm.121:6
6. Li gen dwa chase demon, geri malad san l pa bezwen gen diplòm medsen pou sa. Mat.10:8
7. Bondye konsève priyè kretyen yo nan bokal anwo nan syèl la. Rev.5:8

Pou fini

Bondye sa fè nou tounen mistè tankou li menm. An nou viv konsa pou nou rete konsa, pou nou kap toujou rete sanble avè l.

Kesyon

1. Di twa mistè yo nou jwen nan leson an.
   Legliz, lakwa, Levanjil

2. Bay 2 lòt non pou mistè Legliz la.
   Mistè levanjil la, mistè kwa a, mistè Bondye kap viv nan nou an.

3. Pouki sa Bondye pat di: «Mwen menm se Bondye Moyiz? Se paske Bondye kontwole ni jwif yo ni payen yo kòm pitit pwomès la nan Abraram dapre Tra.2:39

4. Ki kle Jezikri te bay a Pyè ak lòt zapòt yo? Levanjil pou ouvri pòt lagras la.

5. Ki wòl kwa a nan Sali nou? Pou resevwa tout kondanasyon nou yo ke lalwa te bay nou.

6. Ki wòl san Jezikri nan Sali nou? Li la pou pirifye nou de tout peche.

7. Ki privilèj yon kretyen genyen gras a mistè saa?
   a. Li kap pale a Bondye nenpòt lè l vle, kote l vle e pou nenpòt sal vle.
   b. Li proteje kont pisans malen an
   c. Li kap chase demon, geri malad, anile dega pwazon ki te kap touye l.

Leson 12 Nowèl
Kado pou jou Nowèl la

Tèks pou preparasyon: Sòm.89:7; Jan.3:16; Tra.5:51; Wom.12:1; Jak.1:17; 1Pyè.1:13-16
Tèks pou li nan klas la: Wom.12:1-3
Vèsè pou resitasyon: Sa depase sa nou te kwè a anpil. Yo ofri tèt yo bay Senyè a anvan Bondye. Apre say o ofri tèt yo ban nou jan Bondye vle l la. 2Ko.8:5
Fason ou fè leson an: Diskisyon, konparezon Kesyon
Bi leson an: Se pou ankouraje nou bay Bondye sa ki pi bon kay nou.

Pou komanse
Kan nou panse fè yon moun yon kado, nou konn poze tèt nou kesyon saa: «Ki sa m pral bay li pou m fè kè l kontan?» Se la dilèm nan komanse.

I. Men kèk dilèm si se pou moun.
1. Ki kòstim mwen kap fè kado a yon mèt tayè?
2. Ki oto mwen te kap ofri a yon moun ki fè machin?
3. Ki mezon mwen te kap fè kado a yon enjenyè?
4. Konbyen kòb mwen te kap fè kado a yon milyonè?
   Anverite, ou gen tèt cho.

II. Men kèk dilèm si se pou Bondye.
1. Li kreye tout bagay nan syèl ak anwo latè. Ni lò ni lajan se pou li yo ye. Aje.2:8
2. Li bay nou tout bagay, menm plis pase sa nou mande l ou sa nou te kap imajinen. Ef.3:20
3. Tout sa l bay nou li pwòp, li sen paske se anwo a yo soti. Li enspèkte yo paske se li ki gen limyè, li pa gen chanjman kay li. Jak.1:17

4. Li pa raz ni li pa razè, ki sa menm nou kap ofri l? Kan menm se bagay ki gen valè.
   Se bagay ki kapab fè yon wa kontan.
   a. Dabò tèt pa nou ak tout dwa pou Bondye fè sa l pito avè l'. Wom.12:1
   b. Answit byen nou: talan nou, lajan nou, relasyon nou, konesans nou ak tan nou. Se yon koutwazi nou fè l kan nou bay li sa ke li te déjà bay nou.

II. Kèk sèvis adorasyon kote nou imilye nou devan l.
1. Yon sèvis adorasyon byen prepare. Pwogram sèvis la byen tabli.
   a. Priyè dwe vle di yon bagay.
   b. Lekti Bib la dwe byen chwazi.
   c. Moun pa nan monte desann pandan sèvis la.
   d. Tout telefòn, bloutouf an silans devan l.
   e. Tout chwichwi chwichwi anba dan sispann devan l paske li terib nan asanble kretyen yo. Sòm.89:7
2. Yon kè ki pasyan, enb e jwaye. Yon kè ki soumi, plen ak bonte, yon kè dwat, sensè, prèt pou sèvi l. CE. #160

III. Men sakrifis ki gen sans pou montre jan nou sanble ak Mesi a ki te soufri pou nou.
1. Bondye te sove nou ak yon sakrifis. Nou dwe fè sakrifis tou pou sèvi l. Jan.3:16; Wom.12:1
2. Nou dwe asepte pran desèpsyon pou li. Tra.5:51; 1Pyè.1:13-16

Pou fini
Piske nou pa kapab peye frè deplasman li depi nan syèl la jouk li rive sou la tè, piske nou pa kapab peye frè yo ak soufrans li depi Betleyèm pou rive Gòlgota, piske nou pa kapab peye frè pou l rete pami nou jiska la fen di monn, panse a ofri l yon kè pwòp pou l fè ladesann, sonje bay li tout respèk li merite e dispoze nou a sèvi l san mimire.

Kesyon

1. Ki pwoblèm nou gen kan nou gen pou fè yon moun kado? Ki jan de kado nou kap ofri li.
2. Ki sa nou gen ki gen valè nou kap bay Bondye?
   Anyen
3. Ki kote nou jwen sa nou pra l ofri l? Nan men l yo tout soti.
4. Ki dilèm nou kan nou gen pou ofri l yon bagay?
   a. Se li ki kreye yo
   b. Yo pwòp anpil
   c. Bondye pa raz ni li pa razè.
5. Ki valè nou dwe pou mete sou sa nap bay li?
   a. Li dwe koute nou.
   b. Li dwe yon sakrifis.

Lis vèsè yo pou trimès la.

Leson 1
Li la priyè li di : « Senyè, ou menm ki Bondye Abraram, mèt mwen, tanpri, fè m jwenn jodia a sa map chache a. Moutre jan ou bon pou Abraram, mèt mwen. Jen.24:12

Leson 2
Araron pa pral antre nan peyi mwen promèt pou m bay moun pèp Izrayèl yo. Mesye pral mouri, li pral jwen moun li yo ki te mouri anvan l yo, paske nou tou de, nou pat fè sa mwen te ban nou lòd fè bò sous dlo Meriba. No.20: 24

Leson 3
Apre sa, Moyiz rele Jozye, li pale avè l devan tout pèp Izrayèl la, li di l konsa : Mete gason sou ou! Se pou ou vanyan ! Paske se ou menm ki pral alatèt pèp la pou l antre pran peyi Senyè a te fè sèman lap bay zansèt yo a. De.31:7

Leson 4
Senyè a vini, li kanpe, epi li rele l jan l te fè anvan an : « Samyèl ! Samyèl ! Samyèl reponn : Pale non ! Sèvitè ou la ap koute ou !» 1S.3:10

Leson 5
Konsa tout, tou byen yon moun fè gen pou parèt aklè, menm sa ou pa wè lapoula. Yo pa ka rete kache. 1Ti.5: 25

Leson 6
Li frape dlo a ak rad ki te soti sou zepòl l Eli a, e pi li di byen fò : Kote Senyè a, Bondye Eli a ? Li frape dlo a yon dezyèm fwa ak rad Eli a. Dlo a fann de bò. Elize janbe lòt bò larivyè a. 2Wa.2: 14

Leson 7
Sa map di nou la a se vre wi: Nan tout moun ki fèt sou latè, pa gen yonn ki pi konsekan pase Jan Batis.» Mat.11:11a

Leson 8
Kanta domestik ki pa vo anyen an, jete l deyò nan fènwa a. Se lè sa va gen rèl, se lè sa a va gen manje dan. Mat.25:30

Leson 9
« Se menm jan an tou pou nou, lè nou fin fè sa yo mande nou fè, se pou n di : Se domestik nou ye, nou fè sàn te dwe fè.» **Lik.17: 10**

Leson 10
Joas te bliye tou byen Jeojada, papa Zakari te fè pou li, li fè touye Zakari. Anvan Zakari rann dènye souf li, li di byen fò : « Se pou Senyè a wè sa ou fè la, se pou l pini ou pou sa.» 2Kwo.24:22

Leson 11
Gen bagay nou pa konnen, se bagay Bondye kenbe nan kè l pou li menm. Men bagay li fè, nou konnen yo, se bagay nou menm ak pitit nou yo pa dwe janm bliye pou nou ka fè tou sa li mande nou fè nan lalwa a . De.29:29

Leson 12
Sa depase sa nou te kwè a anpil. Yo ofri tèt yo bay Senyè a anvan Bondye. Apre say o ofri tèt yo ban nou jan Bondye vle l la. 2Ko.8:5.

Lis sijè yo

Avangou 5
Leson 1 Bondye se lanmou 6
Leson 2 Amou li pou sove lòm 9
Leson 3 Jan amou l mache ak jistis li 12
Leson 4 Amou li demontre nan jan li kenbe nou nan Sali a 14
Leson 5 Koman amou Li manifeste nan Sali nou an 17
Leson 6 Ki jan li moutre nou amou li nan nati la 20
Leson 7 Ki jan li moutre nou amou li ankò nan nati a 23
Leson 8 Ki jan li moutre amou li nan fason li prevwa 26
Leson 9 Ki jan Bondye moutre nou amou l pa prezans li. 29
Leson 10 Sa ke nou dwe sonje de lamou Bondye 32
Leson 11 Pyè renye Jezi twa fwa 35
Leson 12 Kote lanmou gen batay la 38
Lis vèsè pou trimès la 41
Avangou 43
Leson 1 Jistis Bondye se yon desizyon etènèl 45
Leson 2 Lajistis Bondye, yon desizyon moun pa kap chanje 48
Leson 3 Lajistis Bondye, yon desizyon ki pap chanje
(pou kontinye) 51
Leson 4 Lajistis Bondye, yon balans ki pa gen koken 54
Leson 5 Sa ki fè jistis la bèl 57
Leson 6 Ki jan Jezi wè zafè jistis la 60
Leson 7 Ki konsekans sa genyen lè yon moun meprize lajistis 63
Leson 8 Konparezon ant Lajistis pou pini moun
ak pitye pou moun. 66
Leson 9 LaBib ak ka flangrandele 69
Leson 10 Ki sa LaBib di nan ka lejitim defans 72
Leson 11 Lajistis ak lafòs 75
Leson 12 Leson èspesyal pou fèt nan fanmy yo 78
Men yon egzanp pou chak fanmy 81
Révisyon vèsè yo pou trimès la 83
Avangou 85
Leson 1 Lide de reskonsablite yon kretyen nan
Ansyen Tèstaman 87

Leson 2 Lide de reskonsablite yon kretyen nan kay li 89
Leson 3 Reskonsablite yon kretyen nan zafè Bondye 91
Leson 4 Reskonsablite yon kretyen devan byen li 93
Leson 5 Reskonsablite yon kretyen devan lajan 96
Leson 6 Rèskonsablite yon kretyen devan tan an. 98
Leson 7 Reskonsablite yon kretyen devan kò li 101
Leson 8 Rèskonsablite yon kretyen devan nanm li. 104
Leson 9 Reskonsablite yon kretyen devan Espri a 106
Leson 10 Reskonsablite yon kretyen devan nanm pwochen li 108
Leson 11 Reskonsablite yon kretyen devan nanm frè li 111
Leson èspesyal 113
Leson 12 Jean Huss, yon bon lidè pou prepare
Refomasyon an 113
Lis vèsè yo pou trimès la 116
Dife tou Limen 118
Tom 9 118
Sèvitè Bondye nan Bib La 118
Avangou 119
Leson 1 Eliézè, sèvitè Abraram 120
Leson 2 Araron, sèvitè Moyiz 123
Leson 3 Josué, sèvitè Moyiz 127
Leson 4 Samyèl, sèvitè sakrifikatè Eli 129
Leson 5 Tsiba, sèvitè Mefibochèt 132
Leson 6 Elisée, sèvitè pwofèt Eli. 135
Leson 7 Jan Batis, chef deboukmann Jezikri 138
Leson 8 Yon wa ak 3 kontab yo 141
Leson 9 Sèvitè initil 144
Leson 10 147
Thanksgiving ou Aksyon de gras 147
Réyaksyon twa sèvitè devan byenfè yo te resevwa 147
Leson 11 151
Fêt laBib 151
Bagay ki kache, bagay ki revele 151
Leson 12 155
Nowèl 155
Kado pou jou Nowèl la 155
Rezime lis vèsè yo pou trimès la 158

Ti detay sou vi Pastè. Renaut Pierre-Louis

Pastè nan Legliz Batis Saint Raphael,	1969
Diplômen nan Teoloji nan Seminè Batis Limbe,	1970
Diplômen nan Lekòl kontablite Julien Craan	1972
Pwofesè Angle ak Panyòl nan Collège Pratique du Nord au Cap-Haitien,	1972
Pastè nan Premye Legliz Batis nan Cap-Haitien,	1972
Pastè nan Legliz Batis Redford, Cité Sainte Philomène,	1976
Diplômen nan Lekòl Avoka au Cap-Haitien	1979
Fondatè Collège Redford ak l'Ecole Professionnelle ESVOTEC,	1980
Pastè nan Legliz Batis Emmaüs à Fort Lauderdale	1994
Pastè nan Legliz Batis Péniel à Fort Lauderdale	1996

Pastè pandan karantsizan (46), Avoka, Poèt, Ekriven, Konpozitè Teyat, li jwe teyat

Jodia sèvitè Bondye sa pote pou nou « **Dife Migan Migan an** ». Se yon liv pou enstri nou. Li gen gwo koze nan teoloji ladan. Li déjà fè gwo chanjman nan fason pou anseye nan Lekòl Dimanch e nan fason pou nou prezante mesaj Pawòl Bondye a.

Pastè yo, predikatè yo, monitè yo, kretyen ki gen zye klere yo, tanpri, pran Dife Migan Migan an. Kan w fini, pase l bay yon lòt. 2 Tim. 2:2

www.ingramcontent.com/pod-product-compliance
Lightning Source LLC
Chambersburg PA
CBHW070107120526
44588CB00032B/1310